上海高校"美术学"高峰学科建设项目

上海高校"美术学"高峰学科建设项目

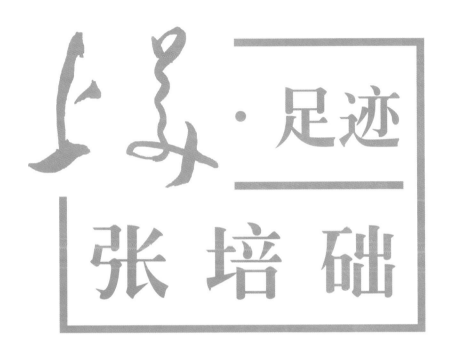

胡建君　主编

上海大学出版社

总 序

"上美 足迹"系列丛书记录了上海大学美术学院从1983年至2000年间的一段学院教育发展史。它真实客观地记录了美院这一段耐人寻味的重组、初创、成长的全过程,以及每一位亲自参与其中的学术骨干和学术带头人的亲身经历。

海上知名美术教育家刘海粟在1912年创办了上海美术专科学校,简称"上海美专"。后于1952年全国院系大调整时迁入南京,与苏州美术专科学校、山东大学艺术系合并成为现在的南京艺术学院。大部分人都不知道的是,上海大学美术学院与"上海美专"这所曾经享誉海内外的著名艺术院校有着密切的承传关系。1959年,为顺应当时上海城市建设以及文化发展的需要,上海又成立了一所美术专科学校,简称"上海美专",创办时定为本科院校,即现在上海大学美术学院(以下简称上大美院)的前身。原"上海美专"的骨干教师唐云、吴大羽、张充仁等成为新成立的"上海美专"国画系、油画系、雕塑系的教学骨干。尽管刘海粟创办的"上海美专"迁离了上海,但其海派美术的精髓却经由颜文樑、周碧初、俞云阶、张隆基、李泳森、哈定、白蕉、胡问遂、潘伯鹰、程十发、陈佩秋、江寒汀、涂克、吴大羽、唐云、张充仁、陆抑非、郑慕康、周方白、蔡上国、沈之瑜、丁浩等许多海派美术大师在新"上海美专"的教学中真正地传承了下来,发展至今培养了一批称雄于中国的上海艺术家,并为创立新时代的美术流派奠定了基础。"文化大革命"期间,"上海美专"又转为上海美术学校(中专)。1983年,为顺应改革开放的城市文化建设需求,上海市政府决定在上海美术学校的基础上成立上海大学美术学院,当时美院是独立法人办学机构。这意味着学院从传统美术教育向顺应城市发展需求的当代美术教育转型。

这套丛书较为完整地记录下了美院转型时期的学术观点、教学方法乃至价值观的冲突等。书中很多内容是以口述历史的方式呈现的,目的是如实、客观地记录相关的历史资料,以便后人在研究这段美院历史时有第一手的佐证资料。

改革开放经济率先,市场经济的逐渐建立,引发了人们多元的需求和活跃的思想,随之,人们的审美需求和价值判断也有了多元化的取向。在计划经济时代,人们的需求是按计划统一配给的,审美是没有选择的,价值判断标准也是唯一的。由于海纳百川的文化积淀,改革开放以来,国内没有一个城市能像上海这样,自然而然地接受和融合开放带来的新思想、新概念,其表现在经济上,是对西方科学理念的迅速接受与消化,表现在文化上则是善于洋为中用。上大美院就是在这样新的历史变革背景下重组成立的。

从"凯旋路"到"上大路"

凯旋路 30 号是上大美院 1983 年重组建院的地址，那里承载着上海改革开放后的百废待兴、城市发展的文化建设愿景和一代美院人的奋斗理想。

如所有院校一样，上大美院的创建初期是从选院长开始的。最初的院长人选是方增先。在宣布出任上大美院院长后，方增先教授因各种原因未到位。最终，邀请中央美院李天祥教授来担任上大美院院长。当时上海美术学校已经聚集了一批实力雄厚的美术创作和教育人才，在绘画方面有孟光、应野平、俞子才、乔木、陈家泠、王劼音、凌启宁、戴明德、周豹健等；在设计方面有张雪父、胡丹苓、曹有成、沈福根、陆光仪等；在专业基础教育方面有陈向、诸玉凤、乐蓓蒂、陆光仪等。在此师资基础上，又从上海出版界引进了李槐之、任意、顾炳鑫、韩和平、金纪发；从油雕院、上海戏剧学院、上海美协引进了章永浩、廖炯模、步欣农、张培础、施忠平等；从全国艺术院校引进了一批骨干教师和优秀毕业生，包括李游宇、周爱兵、张敏、王一先、唐锐鹤、杨剑平、徐建融、潘耀昌、周国斌、黄建平、李超、李晓峰、陈平等。这一批美术英才汇聚于凯旋路 30 号，成为上大美院的重要师资力量。由于美院多为引进人才，他们对美术教育有着各自不同的思路与方法：从艺术院校引进的教师，重视造型基础，坚持学院派的基础训练；从创作单位引进的教师，重视实践能力，坚持以创作带基础训练；而探索当代艺术的教师，则认为过多的传统基础训练束缚了创新。正因为他们在教学理念与艺术风格上都坚持己见，因此掀起了全院的教学讨论和教学改革实验。油画系廖炯模、凌启宁等老师坚守住了学院派的教学体系，培养了赵以夫、梅琳等一批在国际上享有美誉的艺术家。韩和平在艺术研究所结合社会需求以创作带教育，为上海农民画培养了一批传承人。学院与书画出版社合作整理出版中国古代文献，在卢辅圣、徐建融的指导下，带出了凌利忠、汤哲明、单钧等一批传统书画研究者，并为以后成立史论系打下良好的基础。国画系应野平、俞子才、乔木、顾炳鑫等老先生坚持传统教育，陈家泠则主张笔墨技法的创新和进行形式上的探索，而张培础坚持写生的学院派主张，让学生在掌握传统文化的同时开阔视野，独立思考，培养了丁乙、金江波、龚彦等一批在国际上享有盛誉的当代艺术家，还有在国内崭露头角的后起之秀白璎、丁蓓莉、毛冬华等。雕塑系在章永浩、唐锐鹤的率领下，结合上海城市人文环境品质提升，创作了大量城市雕塑，带出了一支基础扎实、勇于承担重大城市雕塑任务，作风过硬的创作、教学队伍。设计系的张雪父、任意在装潢设计、书籍装帧方面发挥了上海商业美术的重要作用，为上海电影、电视节等重大文化品牌活动以及大型企业的视觉形象设计（石化、电视台、东航等）做出了成绩。在张自申的组织和带领下，在国内率先教学改革，实行学分制探索并结合城市建设需要建立环艺、动画专业，为社会服务的同时培养了一批动手能力强、适应行业需求的应用型人才。

张坚作为当时美术学院的党委书记对校园文化建设做了大量工作，从废弃仓库里的上美沙龙，到丝绸之路万里行，再到自娱自乐的舞会、挥洒青春的篮球场、灯火通明的教学楼，凯旋路30号留给美院人太多美好的回忆。这是一个学术争鸣、多元发展、丰富多彩的艺术教育课堂。在那里，为上海改革开放、城市建设培养了一批服务社会的应用型人才，为上海城市文化建设培养了一批领军人才。

1994年，上大美院被并入新上海大学，2000年迁入上大路99号的新校区，成为综合大学中的二级学院。校址新了，离市区远了，规范化的管理也让本来就没时间概念的师生们到点就离校，渐渐的，本该属于艺术创造者的忘我创作热情被慢慢冲淡。上大路99号成为一个"上班"的地方，与凯旋路30号相比，少了一点融洽的人情和学术的氛围，而这些恰是艺术教育的生命力之所在。美院人在统一、规范、标准化管理下，从反感、麻木到顺应，在痛苦中发现了理性的智慧之光，学会和经历了从感性到理性、再从理性出发操控感性表现的认识提升过程，学会了战略思考，在学科布局、专业建设上抓住先机，实现了美术学博士点在上海零的突破，而设计学、艺术学理论博士点的申报成功，也奠定了艺术类研究型大学的基础。我们积极发挥上海大学综合大学的学科优势，开创了在美术院校办建筑系的先河，这是上大的首创，也改变了中国建筑专业只在工科院校办的历史。美术院校办玻璃艺术工作室也是我们的首创，它为各大美术院校培养了一批玻璃艺术专业的骨干教师，可谓是中国玻璃艺术教育的"黄埔军校"。上大美院的交互艺术专业在国内艺术院校中也是名列前茅的，这些全新专业的建立和领先地位的取得，是我们探索艺术与科技结合方面取得的成果。

2009年美院建院50周年之际，结合科学发展观的学习大讨论，对上大美院的历史和现状进行了梳理与总结，提出了"都市美院"的发展定位，提出了"平和包容，敢为人先，追求卓越"的学院精神，提出了"个人生存，事业发展，国家需求"三位一体的治学价值观。同时，还提出美院"形散神聚"的多元发展追求。这些理念与观点已逐渐形成上大美院的文化并被认同。

从凯旋路30号到上大路99号，上大美院经历了从重组、初创到发展、成熟的过程。回首三十余年，有太多的经验教训值得总结。

从"大美术"到"公共艺术"

  1983年重组成立之初,上大美院只有绘画、设计两个专业和一个附中,发展至今已有九个专业、五个一级学科、三个一级学科博士点、一个博士后流动站、一个国家级教学实验中心。在三十余年的时间里将上大美院建设成为上海目前学科门类最齐全的美术类专科院校,顺应了上海改革开放30年来经济建设文化发展的需求,并从中抓住了其带给我们的发展机遇,形成了促进事业发展的动力,除此以外,更是依靠学院各专业的老师、学科带头人的不懈努力的结果。

  上大美院建院时,李天祥院长提出了"大美术"的办学理念,让美术走出象牙塔为社会服务,在全国艺术院校中率先成立了产、学、研一体化的美术研究所。在这种办学理念的推动下,学院各学科开始探索如何服务社会,当时上海城市雕塑50%以上是由上大美院创作的,此外还承担了北京人民大会堂国宴厅、社会厅的装潢设计等国家重大任务,并与国际合作开发了陶瓷的服装配饰系列产品,远销美国、中东。"大美术"以社会服务需求为牵引,打破了学院与社会之墙、专业与专业之墙、教与学之墙、研究与应用之墙,融合专业、社会各方资源,共同合作,共同发展,形成了上大美院的办学特色。

  到20世纪90年代后期,学院将"公共艺术"作为上大美院"211"工程重点学科建设并申报成功。这标志着把"大美术"办学理念形成的特色提升为学科体系建设,由学科特色转化为强势学科。经过了"211"工程的三个五年计划建设,"公共艺术"学科构架已成体系:为本科专业搭建了公共实验教学平台——公共艺术技术实验教学中心(国家级);为各专业搭建了提升专业能力的学科平台——公共艺术创作中心(上海市艺术重点学科);为学科服务社会搭建的平台——公共艺术协同创新中心(上海市2011项目);为学科在公共艺术领域中扩大影响力和构建话语权搭建的国际平台——国际公共艺术奖和论坛(与国际公共艺术协会共同主办);为学科的学术积累和引领搭建的学术平台——《公共艺术》杂志(国内公共艺术唯一的专业杂志)。五个平台有机地构成了一个以对接本科教育为基础,以服务社会提升学科能力为目的,以扩大影响力、建立学科学术导向,赢得话语权为目标的公共艺术学科建设体系。近年来,在本科教育、学科发展、服务社会、国际影响、学术积累方面发挥了积极的作用,也显著提升了上大美院整体办学能力。在2012年教育部学科评估全国排名中,美术学、设计学、艺术学理论上大美院均为第7名。相比上海的国际影响力和地位来看,我们美院还有很大的提升空间。

  从"大美术"到"公共艺术",是上大美院办学特色和理念的确立过程,是学科建设推进学院发展成长的方法和路径,是从发挥专业优势顺应社会发展需求到主动引领社会发展需求的转变过程，是从参与社会环境改造和经济建设的硬实力建设到深入社区文化建设、提升城市人的自我认同感和审美品质的软实力建设的转变过程。从"大美术"到"公共艺术"的学科发展思路和历程奠定了上大美院良好的学科基础，在改革开放初期和现在的社会转型期都具有现实的指导意义，为上大美院的学科发展指明了方向。

从"上海首届抽象画展"到"约翰·莫尔绘画奖（中国）及作品展"

上大美院从未间断过担当推进上海当代艺术发展历史责任的角色。上海美术界同样经历了中国当代艺术的"85新潮"运动，上大美院也曾经出现过模仿西方当代艺术形式来对当时美术教育提出质疑的作品，学生上街作行为艺术，周铁海、汤光明等中专学生初生牛犊不怕虎，在校园里自发地组织了针对当下时局不同看法的观念艺术、装置艺术展，引发了各界关注。好在很多老先生非常包容，在保护和引导下化解了矛盾冲突。"85新潮"过后的上海美术界不像内地其他地方的当代艺术那样趋于政治化，而是转向了艺术本体的探索和解决艺术语言当代性问题。上大美院从某种程度上说，参与和引领了这一探索艺术本体的潮流。在20世纪90年代初，上大美院聚集一批上海的当代艺术家，举办了上海首届抽象画展，开创了上海当代美术语言探索的先河。学院教师率先投入其中，陈家泠教授从中国传统绘画语言中探索当代语境下的审美表现；王劼音教授探索东、西方表现性语言与构成，结合传统笔墨章法，追求绘画语言在空间的张力；姜建忠教授在学院派的经典表现基础上结合现代表现主义的手法和形式构成，探索建立当代学院派绘画风格。杨剑平、张海平、宋海东、刘建华、夏阳、蒋铁骊等一批雕塑系的老师们代表了上海当代学院派雕塑创作的追求和探索。上大美院的学术创作骨干们的创作形式多样、题材丰富，在作品中渗透着 种浪漫中不乏理性、空灵中不失沉稳的上海特有的艺术气质，已逐步形成了上大美院的艺术风格。于此，也影响了上大美院的美术教育并培养了一批像丁乙、秦一峰、韩峰、王建国、马良、金江波等在当代艺术表现形式探索上取得国内外同行认可的、具有相当影响力的艺术家。

在国际当代艺术从观念、装置、影像又回归绘画表现的趋势转向时，上大美院于2010年与英国约翰·莫尔基金会合作，引进英国已有五十余年历史的约翰·莫尔绘画奖的赛制，在中国设立约翰·莫尔绘画奖，并举办获奖者作品展。希望通过该活动建立中国当代美术与西方当代美术的对话机制，把中国的当代绘画推向国际，让世界了解中国的当代绘画，更重要的是建立国际语境下的中国当代绘画评价标准。在第二届约翰·莫尔绘画奖（中国）举办的同时还创办了约翰·莫尔绘画评论奖。学院希望在这样一个国际平台上建立自身的评价体系，构建当代绘画的话语权，推动上大美院的当代美术教育发展。该奖项活动已成功举办了三届，第一届大奖获得者韩锋是我院的研究生,他的作品从3000余幅参赛作品中脱颖而出,终获大奖。这三届获奖作品与英国的获奖作品在英国利物浦双年展期间共同展出,引发了国际当代绘画界的关注和好评。韩锋、李周卫等的作品受英国美术馆画廊邀请办个展,并被国际藏家收藏。

从"上海首届抽象画展"到"约翰·莫尔绘画奖(中国)及作品展"是上大美院在当代艺术创作和教育上探索的过程,是将当代美术从上海地域视野拓展成为国际舞台上参演者立场的方法和目标转变过程,也是从当代美术创作、教育到建立当代美术评价体系,构建国际当代美术话语权的努力过程。经三十余年几代师生的共同努力,上大美院在中国当代艺术创作、教育的探索方面成绩斐然,有目共睹。

作为地处上海的美术学院,我们与上海在国际上的地位和影响力相比还有一定的距离,还需要付出更多努力。

当我们怀念凯旋路的学术氛围时,就应考虑什么样的教育体制、机制能适应师生的学术自主性,让师生成为教育真正的主人。当我们羡慕兄弟院校的发展时,就应更清醒地认清自身的定位,建好自身的学院文化,自信地发展自己的特色,走自己的路。当我们深感上海发展速度对学院学科建设的压力时,就应考虑学科建设如何能进一步引领社会发展,肩负起教育的历史责任。

我从1982年到上海美术学校,经历了天津路、凯旋路、上大路三次校址的搬迁,见证了上大美院的重组、创建、发展、成熟的过程。33年,对于一所学校的历史而言只是弹指一挥间,但对于个人而言却是将一生最美好的时光奉献给了这所学校。上大美院有今天,是有名字在这套丛书中被记载的,或是没有被记载的全体师生员工共同努力奋斗的结果。希望这套丛书能见证这段历史并献给在上大美院工作、学习过的全体师生员工。

2015年9月

目　录

第一章　艺术人生 ········· 1

　　画缘／张培础 ········· 3
　　笔性的张力——张培础的画意人生／尚辉 ········· 15
　　收获尊严——写在三哥七旬之季／张培成 ········· 19
　　画坛翘楚张培础／张鑫 ········· 22
　　我是一个兵／张培础 ········· 25

第二章　艺术教育 ········· 27

　　融、容、荣——谈谈张培础的水墨教育／张璟 ········· 29
　　十年水墨缘／张培础 ········· 38
　　速写与我／张培础 ········· 43
　　张培础：画身边的人是一种挑战／黄伟明 ········· 46
　　张培础和他的水墨缘／王小鹰 ········· 49
　　张培础老师印象记
　　——季平、毛冬华、丁小真、白璎四人谈话录 ········· 51
　　长者·良师·楷模·典范／张培础 ········· 56
　　学生笔下的张培础老师／范钰林整理 ········· 58

第三章　艺术观念 ········· 65

　　理性、感性及自我解读／张培础 ········· 67
　　"水墨边缘"的缘起和思考／张培础 ········· 70
　　水墨随想四则／张培础 ········· 72

　　感怀军旅生涯／张培础 ········· 75
　　同窗墨缘台湾展览序言／张培础 ········· 77
　　我的水墨写意感言／张培础 ········· 78
　　生活是那么的艺术／张培础 ········· 81

第四章　评论及访谈 ········· 83

　　守望真实／王劼音 ········· 85
　　灵性奔放　天马行空／张培成 ········· 87
　　墨缘·乡情——张培础太仓画展序／郝铁川 ········· 89
　　《墨缘·都市——张培础水墨人物画册》序／舒士俊 ········· 91
　　学者的笔墨／李涛 ········· 92
　　真实与错觉／邵仄炯 ········· 93
　　张培础老师小记／胡建君 ········· 95
　　墨缘·都市——张培础水墨人物画展研讨会 ········· 98
　　《罗步臻画册》序／张培础 ········· 118
　　《周古天画册》序／张培础 ········· 120
　　一个赤诚的艺术信徒／张培础 ········· 122
　　都市的怀恋／张培础 ········· 123
　　简约中的境界／张培础 ········· 125

第五章　艺术年表 ········· 127

作品图版 ········· 137

后记 ········· 303

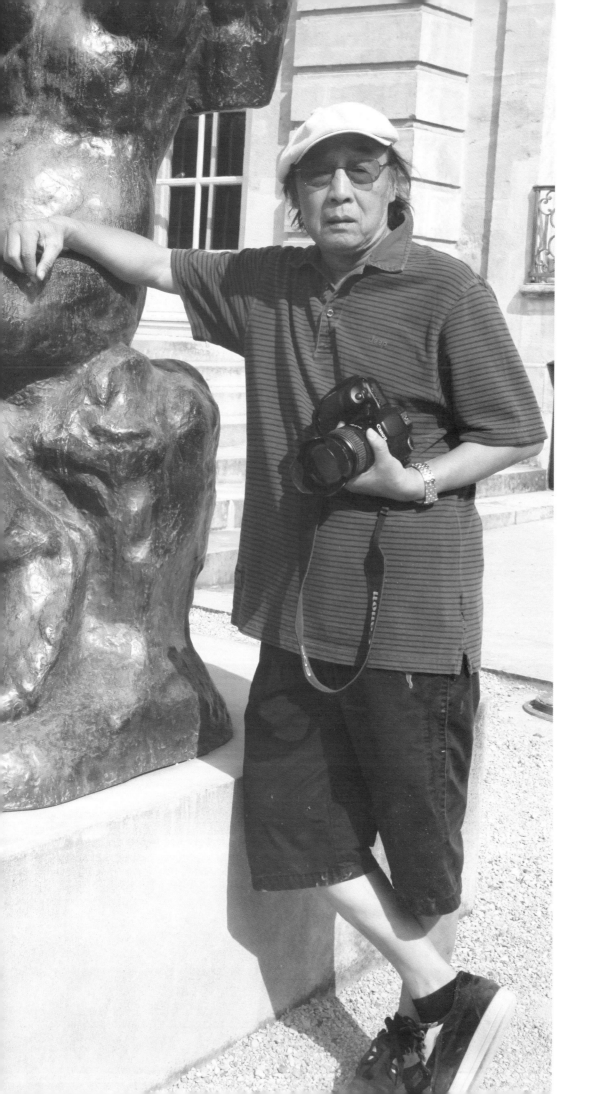

　　张培础，1944年出生于上海，祖籍江苏太仓。毕业于上海市美术专科学校国画系人物科。先后任教于上海戏剧学院美术系、舞台美术系。上海大学美术学院中国画系。曾在上海大学美术学院担任中国画系主任、主管教学副院长等职。现为上海大学上海美术学院教授、同济大学兼职教授、华东政法大学顾问教授、上海中国画院兼职画师、民盟中央美术院上海分院名誉院长、上海文史研究馆馆员、上海美术家协会中国画艺术委员会副主任、上海大学上海美术学院水墨缘国画工作室主任、《水墨缘》画刊主编、中国美术家协会会员。

第一章　艺术人生

画缘

张培础

《画缘》曾应约于1997年在《新民晚报》上以连环画自说自画形式连载两月。当时随写随画，只是个记载学艺从艺岁月流逝的脚本文字，既无文采，又无内涵可言。而崇尚自然，凡事随意，正符合我的个性，于是就在原作基础上略去图画，增删文字，权作艺术经历介绍给诸位朋友。

一

祖籍江苏太仓。我的简历总以此开场。中国画家对太仓并不陌生，清代山水画巨擘四王中的三王（王时敏、王鉴、王原祁）均出于此，史称娄东画派，不能不说我的家乡人杰地灵，得书画之神韵。其实我出生在上海，之所以添上祖籍之地，坦言之，与其说是为自己脸上贴金，倒不如说是内心对家乡历史的仰慕和自豪之情的流露。

祖父为晚清秀才，一介儒生，出身书香门弟，但到祖父时已家道中落，祖父曾在家乡浏河设馆教书，辛亥年早逝，当时父亲张隽人才5岁。祖母续教于乡里。父亲亦在家随读，后来沪学徒返乡，曾任浏河镇镇长。直至日本兵入侵家乡，父亲才举家避战迁居沪上。我于1944年1月出生于上海，排行第四。谈不上家学渊源，儿时也常听祖母、父母说及前辈种种逸事、趣闻。家藏中薄有字画及祖父为古人诗词作注的八卷线装本手书蝇头小楷，时令我肃然起敬。耳闻目染，潜移默化中，兄弟们对文科类、书画类情有独钟。论及绘事，最初则从二哥张培梁开始，后又从我影响至兄弟张培成。培梁兄中途因故放弃，我和培成竟就此艺事一生。

我受二哥影响，自幼喜欢涂鸦。待入学以后，更是乐此不疲。我的初、高中学习生涯在大同中学度过。我有一位同窗五年的好友毛国伦，也酷爱画画，但进校时我们才11岁，从来也不懂什么素描、色彩等绘画基础。毛国伦喜欢画从小人书上学来的将军骑马打仗、老虎等，我则更偏爱画现代的人物。

在我初二的那年，学校新来了一位美术老师，从行知艺校毕业，20岁出头，名叫张文祺。在他的教导培育下，大同中学出了一些如今仍活跃于海上画坛的画家。他到大同中学以后，强烈的事业心驱使他想把自己的学生培养成艺术家，在这一思想的支配下，大同中学建立了美术组。我和毛国伦直到高一才加入美术组，在张老师的指导下开始了较正规的绘画训练，画素描、水彩，但更多的是画速写，张老师认为这是培养提高造型能力的最佳途径。张老师在速写上对我们要求严格，使我们不敢有丝毫怠慢。我们每天都要按规定完成20张速写，美工组同学之间相互督促，这种高强度的造型训练，我至今尤感得益匪浅。在美术组的两年中，还参加各项活

1939年，我的父母亲结婚照

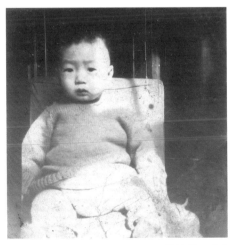

1946年，童年

大同中学美工组和张文祺老师合影

2006年，和方增先老师出席上海市第六届文代会

1961年，临摹方增先老师写生作品

动，如每周为学校出黑板报，画报头、插图、写美术字等。也不时地下农村，入厂矿画壁画、宣传画。我和不少同学的作品参加全国少年儿童画展和市青年美展，这不仅锻炼了我们的创作能力，也为我们今后的社会活动能力打下了良好的基础。

1960年夏天在张老师和上海美专宁维新老师的推荐下，16岁的我破格以高二学生的身份保送进了上海美专本科国画系，终于如愿成了上海美专的一名学生。国画系有郑慕康执教人物画，江寒汀、乔木执教花鸟画，应野平、俞子才执教山水画。几位老师无论艺品、人品都堪称一流。我本对中国画一无所知，全凭各位尊师教导才日渐有悟。在诸位先生亲授下，我们从基础着手，打下扎实的传统基础。记得一次临摹唐寅的《孟蜀宫妓图》，画宫妓头上戴的金饰品，本可用铜粉代替，但慕康先生为让我们的作业取得更好的效果，竟从家中带来纯真金粉给全班同学作画，我们深受感动。先生待学生之情谊可见一斑。

20世纪60年代初，上海中国画坛的水墨人物画较弱，我们的人物画以临摹传统为主，学子自然不满足现状，而此时浙江美术学院以方增先、周昌谷为代表的年轻教师在水墨人物画的继承、发展中取得的成绩为画坛所瞩目，成了我们的偶像。一天，当得知方增先老师就是雕塑系卢琪辉老师的丈夫，并将于近日到上海来养病的消息，同学们一阵兴奋，密谋向校方提出要求请方老师给我们上一堂水墨人物写生课。尽管面对宽厚而尊敬的慕康老师，我们总有一些于心不安，但强烈的求知欲使我们无所顾忌，我们的精神感动了上帝，终于得到了校方的"恩准"。那天方增先老师正在为我们的课程备课，我和另一同学来到方先生进修的教室外，一阵犹豫后斗胆敲门，方先生明白我们的来意后让我们进了门。那是冬天，火炉旁坐着头戴毛巾，身穿棉衣，双手笼袖的模特老人。我俩静静地站在方老师身后，贪婪地看着他的每一笔，每一墨。36年前的往事，竟会如此清晰地印在我的脑海里。不久方老师又正式为全班同学上课，这是难忘的一课。方老师笔下的形象脸部刻画精细、滋润，印象最深的是画像脸部的色彩。平生我第一次知道除了国画颜料，还可以用土红、土黄水彩颜料画脸部，效果是如此之好，明白了画种之间并没有不可逾越的鸿沟。学习水墨人物画这是我唯一的一课，但它对我日后的水墨习作、创作作用是巨大的。

我们的花鸟课由江寒汀老师执教。江老师擅画兼工带写，崇南田、虚谷等大家，各种花卉、鸟类无所不能。课堂教学中还时常说些笑话或往日画坛轶事，如抗战期间日本人在沪开虚谷画展，他赶去一看，一大半都是他的仿作。同学们一片笑声，我似乎还能记得当时江老师幽默生动的表情。江老师和蔼可亲，性情爽朗，他带我们去他家欣赏自己收藏的各种名贵砚台、照相机，去公园写生，他会从中式衣衫中摸出外国相机为我们照相，只有一次在课堂上稍带严肃地说："我上课开的画稿要保管好，不要乱借。"起先大家并不在意，事后方知，因画稿几次转借，被人卖到了当时的荣宝斋。大家心情有些沉重，但从此对画稿的保存更注意了。

美专的两年生活中给我印象尤为深刻的是体验生活。当时我们跑一个地方，回来便进行创作。我还清晰地记得一年级末去了上钢一厂后，我创作了《验钢》；去了普陀、嵊泗岛，我创作了《下海》。也许这些作品现在看来十分幼稚，但毕竟充满了纯真的生活气息，也使我初次领略了生活与创作的关系。当年下乡，生活条件远不如今天美术学院学生外出写生。住的是农舍，晚上自己铺草作垫，打开自带的铺盖，闷头便睡。那时的学生哪有什么照相机，白天拼命地画速写，每次回来总能带一大堆写生稿。晚上也不闲着，同学们围坐一圈，看老师为老农或同学画头像。欢声笑语，那种生活情趣至今仍令我神往不已。

1962年上半年，国家正处在自然灾害的困难时期，中印边境的磨擦也在加剧，蒋介石借机反攻大陆。那年的征兵条件被放宽到大学三年级以下，一时形势加剧，战争一触即发。我报名应征，并得到批准。从报名参军到离沪一共才两个星期，而一星期内父亲患癌症因无钱进一步治疗，在家去世了。这便切断了家里主要的经济源头，母亲一生操持家务，生活上仅靠外地已婚哥姐的补贴，最大的培成弟才初中一年级。这就是18岁的我当时面对的现实。我欲哭无泪，望着父亲极度瘦削的遗容，反而忆想起鲁迅逝世时的遗容速写，我竟然能平静地在母亲和兄妹们的哭泣中拿起碳笔画下两幅父亲的遗容。父亲曾无数次地成为我的速写模特，那天是最后一次了，权作学美术的儿子的一片纪念之情。尽管学校领导表示我情况特殊可暂缓应征，但我主意已定，希望告别美专，自我独立，以摆脱家中的经济困境。

1962年7月，我来到东北大连的旅顺口，成了一名海军战士。新兵团的训练生活强度极大，夏天每天6小时的队列训练，顶着烈日，汗水如雨，而冬天零下17度还要穿着海魂衫、短裤跑步，跳入泳池游泳。只有星期天算是自己的，手痒得不行，就画速写，还在海边拣块大卵石当砚台。兵营没有桌子，只能在窗台上画国画，但当时已是无上的幸福了。离开新兵团，我被分到了大连老虎滩附近海岸的炮兵连。炮兵阵地位于海拔200余米的一座小山上，除了训练，白天和夜晚还要上山站岗，每日要爬三次山。站岗让我体悟到大自然无穷变幻的性格魅力。无际的大海，片片白帆，海鸥飞翔。夜半时分，月色下的山顶上火炮和树林罩上一片银白，宁静至极。而黎明来临时霞光四射，红日渐渐升起，则是柔情万般。惊雷霹雳、骤雨暴风的涛

1961年，美专国画系一年级时去上钢一厂下生活时的速写

1962年，应征入伍前和国画系同学合影

2003年，江寒汀老师诞辰百年画展时同学留影

声滚滚之夜，孤独一人置身山野，则更别有一番滋味。

独自在山顶上站久了，也难免无聊，于是站岗时我经常偷偷地在怀中揣个小本子，待班长查完岗离去，我便画开了速写。山上的树、山石、大炮、渔船、礁石和海流，日子一久都被我画遍了。实在是无物可画了，那日灵感一到，脱去大衣，卸下冲锋枪放在大衣上，前后左右，从各个角度对着那支冲锋枪，直到画得个烂熟，方才罢手。当然，这是违反站岗的职责规定的，但当时技痒难熬，也顾不得许多了。更有一次，为了给一位因故去世又没有照片的新兵开追悼会，我奉命孤身一人去医院太平间为死去的战士画像。我要了个凳子站在上面看着他闭着双眼的脸，紧张得手发抖不知如何作画，不过最终还是完成了任务。

1965年，旅顺口和战友李汉卿一起油画写生

我们连队里有一个俱乐部，说是俱乐部，其实条件非常简陋，除了一个乒乓桌，无非就挂些部队的各种条例、规定以及奖状什么的，就像单位里一般都有的荣誉室。当指导员知道我是从美院参军的情况后，他把我带到俱乐部室内说："这一段时间，就让你发挥特长，把俱乐部美化得漂亮些。"我当时正为没时间作画而犯愁，这可是天赐良机，于是便全力投入工作，不出几天，便把个俱乐部布置得让人耳目一新。此外还包下了连里的黑板报制作工作。我是把黑板报当成美术创作来画的，画得细腻精到，大受战友的欢迎。一次团部宣传股俱乐部王文臣主任到我们连检查工作，见了被我布置一新的俱乐部各种装饰美化和黑板报，颇为惊讶。指导员得意地把我领到王主任面前作了介绍。恰逢当时营里正要召开党代会，王主任二话没说，当即把我带到营部布置会场——写标语、作宣传画。而这一走，等再回到连队已是两年之后的事了。

1963年，部队生活速写《写家信》

我把学校学到的东西用于展览，作连环画、宣传画，同时也学到了版面设计、展览制作的技术。两年内我被逐级借调，从营部、团部旅顺基地直到北京海军军部参加各种带宣传色彩的展览工作。我绘画制作的各种宣传品深受好评。1963年，为迎接1964年在京召开的第三届全军美展，海军文化部抽调各基地创作人员入京召开美术草图会议，我作为旅顺基地的创作人员之一带着草图进京。在北京，我们观摩来自各舰队、基地的创作草图并和同志们交流各自的创作经验，我还有幸结识了吴敏、吕思谊、吴彤章、杨列章等一批海军画家。

回到基地后，我接到美术创作的任务。基地俱乐部美工室成了我和另外两位战友的创作室，吃、住、创作都在里面。旅顺基地原是1956年中国从苏联手里接收的，因此俱乐部内遗留下不少苏联军队的油画作品。尽管不是名家之作，但也有相当水平。美工室里也存有不少苏联画册及军队画报，在当时的情形下它们于我无疑是沙漠中的清泉，我白天作完画，晚上就如饥似渴地赏阅、临摹。在这段紧张而又美好的日子里创作的两幅中国画均入选了全军第三届美展，作品内容都是以我最熟悉的连队生活做素材。一幅是战士在炮位学"毛选"，一幅是反映军事训练生活的，都被选入画册。其中一幅还得了优秀奖（展览只设优秀奖），被中国美术馆收藏，寄来了32元收藏费。上海人民美术出版社还出版了两种单片，寄来稿费100元。那年我刚满20岁。

1967年，在部队时画毛主席像

这段日子里又有不少刊物刊登了我的画，寄来了些稿费。我真不知如何是好。一位干事找我谈心，说："小张，你要正确对待稿费。你的一切都是党给你的，就你的画来说，如果没有部队提供这些火热的生活，哪有你的画。还有，你的纸、笔、画画的地方、时间，哪一样不是部队提供的？你应当正确处理这些稿费。"我一听，是啊！没有部队，哪有我的画？这次谈话的确触动了我。我找到团部政治处的张主任，忐忐不安地"报告"。主任听完我准备上缴稿费的缘由，不由得笑了，说："小张，团长还是海军报的通讯员，他也常拿稿费的嘛！你退什么退？你画画本来就很费钱，只要不乱花钱，完全正当。"我将信将疑地退出门外。那天我去新华书店买了不少画册，有贺友直毛边纸本的《山乡巨变》等，买了笔墨、砚台。余下的钱便存了起来。

借调到基地俱乐部工作已有年余，但编制却还在连队。基地几位美术干事待我如兄长一般，这段日子我真是自由自在。去沈阳学习交流，那时就认识了小有名气的廖炯模老师。还曾随北海舰队文工团去海岛演出搞宣传、画速写。1964年军事大比武，我当美术记者，忙个不停，但我也纳闷，为什么不正式把我从连队调出来呢？那天从王文臣主任处偶然得知《人民海军报》有意调我，正了解我的情况。我暗自兴奋，但不久此事便杳无音讯，王主任对此也支支吾吾，而基地的几位干事尽管对我一如既往，但眼神里却有一种异样的感觉。第二年我所在的连队是基地社会主义教育运动的试点单位，在编人员须全部归队参加运动，基地将派工作组去连队蹲点。在离开两年后，我便又回到了连队。

1964年，辽宁美术出版社。
右二为廖炯模，左二为我

重回连队，对我是如此亲切。军训照常，只是政治学习加强了，政治气氛日渐浓郁。连队文书素来与我投缘，那天我来到文书室闲聊，无意说起我的一点牢骚：尽管三年来年年被评为"五好战士"，可我却连共青团都入不了。文书半天都没吭声，忽然起身拿出一本连队名册，翻到我的名字，见出生一栏上写着"地主"二字，我的心便猛地紧缩了起来。在基本清一色贫下中农的战士中，我能掂出这两个字的分量。也正是对我的重视，部队才派人到我的原籍外调，竟得出如此结果。文书告诉我由于我从未交代此事，故属隐瞒成分，那天起我换了一副模样，人说抽烟能消愁，于是我的烟龄也自此而始。

基地工作组的到来意味着"运动"的开始，那天社教运动以全连忆苦思甜大会

1964年，大比武时期现场通信兵比武速写

1965年，《钢人铁马》，参展北海舰队美展

1967年，部队放映员生活，中坐着为我

1964年，旅顺口军港速写

开场，听着战友们的控诉，我如坐针毡，觉得自己简直就是害人的罪魁。全场时常爆发出震耳欲聋的口号："不忘阶级苦，牢记血泪仇"，"血债要用血来还"。这一字字就像一发发子弹直射我的胸膛。在以班为单位的小组忆苦思甜时，更使我焦忐不安。似乎大家都等着我发言，我能觉察到班长利剑般的目光对我的"特殊关照"。可我怎么开口呢？终于熬到休息，我彻底垮了，私下向班长交代了我生在上海确实并不清楚的"底细"。晚上连首长和工作组召见了我，听了我的陈词。也许凭着对我的好感和信任，他们让我先端正态度，学习党的阶级路线政策，深刻认识，加强思想改造。我连夜写信给大哥张培基。他是中央某部的党员干部。回信上说，他对我们的出身也不知情，但要我相信部队和组织的结论，接受思想改造，出身不能选择，但走革命的路却在于自己。我在班上流着泪水读完大哥的来信并表达了自我改造的决心，终于得到大家的谅解。我是幸运的，因为同时我看到了出身不好的战士被开除军籍，几个牢骚大王被打成"反革命"小集团。运动足足经历了近两个月。我知道我必须"将功补过"。我发愤地投入军事训练、站岗、出公差、干苦活脏活我都抢在前头，决心"脱胎换骨"。运动末期我终于成为体现党的阶级路线的典型，又被评为"五好战士"，还入了团。

运动结束不久，终于一纸调令，我被调到团政治处任放映员，白天搞宣传，制作幻灯片，晚上下连队放电影。团部设在旅顺白玉山上一幢漂亮的洋房里。我还有了一间近乎地下室、六七平方米的暗室作为我的工作室。这间屋子原是用来堆放图书文具和乐器的，我竟然在这儿的一堆破烂中找到一个苏军留下的油画箱，以后的三年它成了我亲密的伙伴。王主任告诉放映组长，小张有干完活随意作画的"特权"，此后我便时常偷闲在这间暗室中画上几笔过瘾或是看看书。作为一个兵，这真算是神仙般的日子了。

放电影是我们的日课。每天下午4点坐上卡车出发下连队，司机和放映组长坐驾驶室，放映员则坐在放映机的敞篷车厢里。连队都在深山海边。山路崎岖，险恶异常，路边峭壁上时常滚下大石挡住去路。冬天夜里归来，寒风刺骨，真是够呛。我们用两架放映机把自己夹在中间，身下铺上皮大衣，身上再盖上一件，在车身的颠簸中，居然还能迷迷糊糊地睡去。驾驶室里一声"到了"，才揉开惺忪的睡眼，爬起身卸车。

除了放电影，领导们也常让我去炮兵团下属的连队作壁画、写油漆大标语，此外我还常常带着沉重的老式转盘录音机下连队播放首长讲话。遇到这种任务真是美差，因为到全团各连走上一圈至少个把月，这可是我可以独立自主的一个月。我总是带上油画箱、速写本一起上路。连队都在深山、海边，坐长途汽车到达山口，再步行十余里山路方能到达。我至今仍怀念那一段段山路：独身穿行幽谷，踏过海滩，那树林和鸟语，那波涛和礁石。我席地而坐，卷支土烟深深地吸上一口，和着咸湿的海风，打开速写本，面对着天、地，还勾上几笔。年轻的我还会莫名其妙地大叫几声，倾听远山的回声。写到这里我方感到眼角的湿润。真想你啊！旅顺的老铁山。

1966年开始的那场史无前例的浩劫给当时的每一个人都留下了难以磨灭的印象，"破四旧"、"批文艺黑线"的旋风也波及部队。一天我去基地美工室玩，只见室内一片狼藉，柜子打开着，画册、画报成捆地堆在地上，并被传递到院子的一个坑里，那里已燃起熊熊大火。干事们见我来就让我帮忙，我无奈地充当了二传手，那些曾伴我度过多少美妙的夜晚的画册，汇成一片黑烟，冲天而去，而我的心也在哭泣。迷茫中我走回团部。团部墙上我曾写了多少标语和语录，画了多少主席的光辉形象，如今我却面临苦痛的自我革命。黄胄等已被点了名的黑画家本是我的偶像，我收集了不少他们作品的剪贴，我知道地方上某些造反派和部队有磨擦，万一冲击部队，万一搜出这些画我可担当不起，况且我的出身又……一咬牙，决定付之一炬，但在最后检阅画片时，还是忍不住留了几张精品，只是把黄胄的题款给撕了。

在那段岁月里我写标语、搞展览布置会场和画毛主席像。但我也是个热血青年，也曾为当年经历的大小事件而激动、迷茫。我还在部队派出的宣传车上声嘶力竭地高呼口号，更在沈阳目睹了从长矛到机枪的武斗场面。这短短的篇幅岂能描绘那整整一个年代，容我一笔带过那难忘的岁月，把它深留在我记忆的长河。

1968年，复退工作又开始了。我已是6年的超期老兵，随着年岁的增长，对家乡的思念也与日俱增，母亲、弟妹、家中的经济与我的归属都是现实问题。在那"血统论"的年代，首长既不敢让我晋升，也很不愿放我。年复一年，领导不提此事，我也不忍表态，如今，经过几个不眠之夜，终于主意已定——走。终于跟王文臣主任谈了。尽管是上下级，但多年的工作相处，我们之间有着一种默契，先前为着最初的知遇之恩，我从未提过要走的片言只语，如今我竟无能相报。为了我的前程，他开始上上下下地奔走。一星期后却终于明了出身对于我的晋升无疑是一道鸿沟。无奈的他终于拍案而起："小张，你走吧！你为部队做的也已够多了，不能再耽搁你的前程了。"为着这份理解，我流了泪。临行前我来到基地俱乐部，和牛茗桂、陈辛一、周永家、冉茂魁诸美术干事一一道别，几年中他们对我的关怀、帮助令我难以忘怀。1968年3月，我带着一丝怅然离开了美丽的旅顺军港，那是我献出了青春年华的地方，同时也带着一份欣喜回到了上海，这是我亲爱的故乡。

1967年，创作文革时期素描宣传画

1966年，在军舰上

1968年，海岸炮兵团部和王文臣主任（右）在一起

1992年，母亲、儿子和我在龙华寓所

三兄弟和家乡太仓市委领导合影于宋文治艺术馆，左一、左二、左三为三兄弟，右一为大嫂

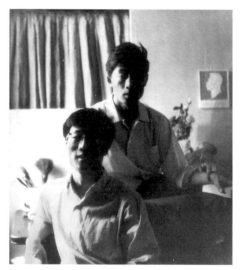

1973年，和培成弟在西藏路寓所

三

终于又听到了海关大楼的钟声。扁担的两头是我6年的家当：行李卷和一个装满画具和书本的弹药箱。我挑着它踏上了上海公平路码头，走回了石库门的弄堂口。我是家中四个哥姐中唯一出门又重回上海的，母亲、弟妹自然喜不自禁，特别是也酷爱绘画的培成弟。母亲已在弄口守候多时。望着母亲清瘦的身影，我不禁流泪。6年来，外地的哥姐肩负着他们自己的家及上海母亲和三个弟妹的生活重担。哥姐的恩情难忘，母亲的操持艰辛。而提及母亲陈鼎芳，我不得不多说几句。她是一个典型的具有传统美德的家庭妇女，集贤淑、节俭、勤劳、坚韧、正直、博爱、宽大于一身。尽管一辈子居家相夫教子，但众多子女的品格、操守、处世、待人、奋进、成长，无不源于母亲的言传身教。因早年丧父，在我们从少年到青年最渴望关爱、帮助、教育的那段不堪回首的艰难岁月中，她独自承受着生活的重担，用母爱滋养了儿女的身心。从孩童时代起，母亲的人格魅力便始终感染着我们，而我们的成长也正是她唯一的精神支柱。正因如此，我家兄弟姐妹几十年来彼此亲密无间，始终孝顺母亲。好人一生平安，在儿孙绕膝，四世同堂的九十高寿中，母亲仙逝而去。一个平凡的妇女，三位教授的母亲。

我的回家，多少对培成弟有所帮助。他靠着自己的努力，在学习美术中已有相当基础，我陪他去福州路买了调色盒等用品。在当时，这可是他梦寐以求的奢侈品了。我当了6年的旱鸭子海军，复员后却被分配在上海航道局黄浦江上当了名水手。航道局的工作以疏浚航道为主，也担负测量航道、设置航标等工作。我的工作是在一艘吹泥船上开锚机。不久，我的特长又被发现，被借调到局联络站搞大批判宣传，还常借调到外厂画主席像。那年头，像章越做越大，主席像越画越大，语录本却越来越小。我曾在闸北电厂画过五层楼高、80张白铁皮拼接的主席像。在外我画油画，可国画才是我的本行，我也更喜欢画，所以下班回家我就自己画些小品。说是小品，其实是画白毛女、娘子军的剧照和工农兵照片的形象。培成弟是67届高中毕业生，那时也不上什么课，每逢休息天，我俩就整天在家画国画，有时我们一天要画上十来幅小国画。家中人多地方小，也没个写字台，两人的摊子摊不开，就逛旧货店，有天花26元钱搬回了一个旧铁皮做的大写字台。培成一次去淮海路，在一家店里发现了当抄家物资处理、带水印的汪六吉宣纸，便赶紧回来告诉我。我俩赶去，记得只花了6元钱就包下了仅有的30张六尺旧宣纸，真令我们得意之极。尽管家里不宽裕，但毕竟我有了份工资，为了画画没有不舍得的。

说起兄弟张培成,他现在已是上海中国画院的一级画师、上海刘海粟美术馆馆长了,时有佳作但他的成长也不易,我当兵的6年不能直接给他什么帮助,是家中一个旧藤箱中,我在美专留下的课堂作业和美术资料,使他迷上了国画。1964年他投考美专附中,也因出身问题而落榜,整整一夜,他在痛苦中度过。我还记得当时在部队中,他给我的来信中流露出的沮丧和绝望的心情。受挫也正是新的起步,他终于从困境中走出。这也正得归功于和他一起学画的三位敬业中学的同学——施大畏、陈身道和谢永康。当初他们还是一群酷爱绘画、书法的毛头小伙,我还记得他们来我家时俭朴的衣着、腼腆却执着的神情和聪慧的眼神。他们志同道合、刻苦钻研、取长补短、相互勉励。风风雨雨30年,如今他们都已是饮誉中国画坛、书界及儿童美术教育界的佼佼者。

1971年,借调上海工人造反报时参加野营拉练

我也常与往日美专同学交往,他们都已在专业单位。我内心羡慕他们的岗位,却也庆幸自己的工人阶级身份,当年这是一顶保护伞,还为我创造了不少机会。博物馆的几位美专同学邀请我参加中山公园内的泥塑收租院复制工作,我成了天经地义的工农兵作者。多学一门艺术终究是有意义的,我沉浸在欢乐之中。但当时不能业务挂帅,一方面要做好雕塑为工农兵服务,一方面又必须批判封资修的文艺思想。为了显示工农兵是雕塑艺术的主人,为我们的工作做后勤供应的"小工"班子阵容可谓"泰山压顶",如前博物馆馆长、美专时我的第一任校长沈志瑜先生,雕塑界泰斗张充仁先生,还有一些著名的理论家、史学家。批斗会时常召开,被剥夺了最佳年华的他们竟干起了泥工的行当。在那个年代,我也只能无奈地接受这种反常的角色倒置,这无疑是历史的悲哀。而对我来说,在这半年的时间里多少学了些雕塑,有如进了次进修班,总是件好事。

1972年结婚前,我和爱人姜荷燕

出了此山又进那庙,工人作者确是忙。毛国伦又邀请我参加《解放日报》的《沙家浜》连环画创作组。革命样板戏是当时文艺的首号题材,被移植成各种艺术形式,但戏才几个,总要撞车,当时《工人造反报》也搭了班子专画《沙家浜》。如果说阿庆嫂和刁德一在台上是明争,两家报社便是在暗斗。双方封锁消息,相互刺探情报。双方各事其主,均有强硬后台。暗斗终于成了明争。创作组气氛也日渐紧张。终于一天晚上在报社头头的带领下奉命来到康平路市革委的一间大厅,与冤家对头"造反派"创作组对簿"公堂"。最终的结果是两组合并,在工人造反报社组成《沙家浜》连环画创作组,全部从头开始。新创作班子的人数和实力是空前的,成员除我之外还有戴敦邦、张桂铭、毛国伦、颜梅华、黄英浩、金奎、何志强等十多人,另加一名军宣队员。

创作组成了流水线,工序竟分为小稿、草稿、放稿、精稿、主角精稿、头部精稿;

1975年,航道局工人美术组在活动

1976年，《航道工人》刊载于中国人物画写生集

1974年，在朵云轩举办的写生示范表演活动上和广东杨之光先生对画写生

勾线也专门有主角勾线、一般勾线、背景勾线，一应俱全。全无画家艺术个性可言，组里的臭知识分子当然是首当其冲的思想改造对象。头儿们审查某一幕画稿不满意，便立即勒令停工整顿学毛选，从思想上找根子。画稿全被推翻重来，恼了的头头拿出前已通过的几个郭建光的形象对专职勾稿的戴敦邦说："为什么这几张能画出英雄本色？为什么精好的稿子你就是勾不好？你必须端正态度。"无奈加苦恼的他只能把那幅被"表扬"的郭建光的形象，制版后贴在砚台盖上，边画边"改造思想"。违反艺术创作规律，只能是越画越糟。最终是按着长官意志，把获准通过的各种角度的郭建光头像在车间制版、打样，从小到大的头像犹如铅字的大小序号，供画面剪贴之用。艺术沦落至此已是无话可说了，"《沙家浜》大会战"结束，我又马不停蹄加入上海人美"大寨"连环画组赴大寨，三个月的创作生活让我饱览了山西乡土风情。

四

1973年航道局也成立了《航门激浪》文学创作组，我被召回局里为他们的小说插图组建美术组。同时我也搞起了国画创作。在创作《航门激浪》插图时我曾随航测船队出航，航标工水上作业的艰辛给我留下了深刻的印象。我在家中墙上钉上画纸，下班回家便作画不辍。记得前一年我已结婚，星期天我怀孕的妻子在上海人民美术出版社陪着我搞创作。这幅反映航标工工作的《闪光》入选了当时的全国美展，并刊发在各种报刊、画册上，还被制成巨幅宣传牌、木版水印等。说来惭愧，现在看来，此画的不足之处是显而易见的，但它在我的绘画生涯中，终究是重要的一章。

美术组还集体创作了不少作品，如中国画《风口浪尖》、连环画《鸭绿江畔》等，均入选了上海美展。我们的美术组其实就是当年业余作者境况的缩影。当年的美术组有它特殊的创作方法，大伙集体讨论构思，若独立有困难就分工分组，大家埋头苦干，经常通宵达旦。作品成批地创作出来，竟也多次入选全市、全国甚至联合国的各种展览，在当时的上海画坛小有名气。也必须承认，这些作品是缺乏深度和个性的，我亦无意推崇，但这毕竟是时代的产物，具有一定的代表性。

市工人文化宫也是我常去的地方，遇有任务去创作，常和老朋友王劼音、奚阿兴、蔡兵等一起相互交流，得益匪浅。同时我也是市文化宫、一些区文化宫美术班的辅导老师。当年没有艺术院校，美术爱好者常在此学习，绘画热情无比高涨，而且也出了不少作品。不少人后来进了各种艺术院校深造，成了专业画家中的一员。1976年粉碎"四人帮"，举国一片欢腾，第二年为纪念建军50周年，北京准备举办全军美展，专业、业余美术工作者积极投入创作。我选择了"渡江战役"，施大畏、韩硕这对黄金搭档创作"上海解放",我们借老美术馆二楼创作。为赶时间,三人没日没夜地车轮大战。你画我睡,我画你睡,一星期后,两幅场面宏大的大画跃然而出,走出美术馆都不知过了几天。我熟悉的不少业余作者就是在这样的磨练中走出来的。

粉碎"四人帮"后,国家需要安定,经济需要繁荣,一切将走上正轨,恢复正常秩序。但"文革"十年中,大学停止招生,没有毕业生,专业美术队伍老化萎缩。现在,这空缺的位子,由我们这帮"临时工"顶着。各出版社、艺术院校,各美术单位都需要充实力量,以维持正常的运转。业余作者中的佼佼者,正面临着双向的选择。我又一次站立在命运的十字路口,凭着我两年的大学学历、近几年的创作成果及担任各处辅导老师的经验,在老同学方世聪推荐下,我于1978年5月跨入了上海戏剧学院的大门,在当时的美术系中国画专业任教。与此同时,上海的一批优秀业余作者也先后跨入专业的行列,他们后来成了当今上海美术界的中坚力量。

五.

跨入专业行列,心情特别舒畅。美术系原本有在适当时候独立成立上海美术学院之说,但时过境迁,在首届学生毕业并举办了一期油画、国画进修班后,1980年终于解散。我又转入舞台美术系绘画教研室任教,后担任绘画教研室主任,在戏剧学院前后竟有16年。戏剧学院面向全国招生,学生毕业后又走向五湖四海。多年来,师生间关系良好,同事感情融洽,但心中总有一丝遗憾,特别是改革后取消了中国画课,为完成工作量,我只能去教素描、油画,尽管也能胜任,终究非我所长。而我的母校——上海美术专科学校历经磨难,更名,迁址,终于在1983年并入上海大学,成为上海大学美术学院。它是我终身向往的地方。建院伊始,我就被借去国画系任教一年,但调动之事终未成行。经过十年反复努力,1994年终于从戏剧学院调往上海大学美术学院担任中国画系主任。在1962年当兵离校32年后,我终于又来到了美院中国画系,那里有我当年的老师和同学。我走进教室,穿行在画架之间,夕阳余辉的映照下,画板上仿佛留下了我当年的影子。

作为一个画家,我的经历只是一个普通人或具有类似经历的同代画家中的一个剪影,也许还算是一个幸运儿。在这既无宏伟大业又无花边新闻的叙述中,我只想展现一个平常人伴随时代风雨的历程,诉说人生、事业之旅中的艰辛和崎岖,刻苦和奋进,光明和平坦。正因如此,我时常回想起岁月沧桑和人生轨迹中朝夕与共的士兵、工友和朋友们,期望自己保持一份平民意识、平和心态——画家只是百姓中的一员。四十余载学艺、从艺漫漫历程,方悟及人生与艺术某些哲理已是莫大收获。

1985年,戏剧学院任教带学生湖南凤凰城采风

1993年,和陈钧德老师一同带学生周庄写生

2003年，美院领导班子。左起：薛志良、邱瑞敏、张培础、汪大伟、李玉华

2002年，美院国画系领导。右起：韩峰、乐震文和我

《画缘》文字已尾声，但和水墨丹青之缘终将一生。

作为一名教师，我庆幸最终的职业选择，既与艺术为伴，又与学子为伍。我常以心中的诸位恩师作楷模，力求为人师表，却自愧不如。在欣慰地看到不少学生已含苞初放之时，我更想对教室中我的学生寄语："面对当今时代，你是否已有充分的思想准备。往日的泥泞之路不复存在，未来的高速公路未必一路顺风。"

本文1997年曾在上海《新民晚报》配图连载。

笔性的张力
——张培础的画意人生

尚辉

涂鸦，是儿童的天性。虽然儿时涂鸦，未必日后都能成为画家，但涂鸦一定是画家生存的快感与本能。当涂鸦成为职业，便伸展出无数条各自不同的画意人生。

张培础从战士、工人到教授，一生变换的是不同的职业和身份，不变的是他的画意人生。而且，他的创作从20世纪60年代起步，一直跨越到现在，40余年的创作历程，几乎成为我们这个时代文艺思潮变迁的缩影。

艺术人生千差万别，但怎样开启每个人的艺术旅途，却会对他以后的创作道路产生深远的影响。当张培础尚未在上海美专毕业就应征入伍而成为大连旅顺口的一名海军战士时，这个本应是科班出身的专业画家，却开始了一条更为艰辛的求艺征途。这意味着，他要从生活的最底层跋涉到他终生向往的专业艺术岗位；这意味着，他的艺术创作充满着丰富的现实生活情感；这甚至意味着，在那个时代，他的创作方式与表现方法都必然是具有理想主义色彩的写实性绘画。他是战士，无疑也成为那个时代战士形象的画手。

1968年，旅顺口

1964年，他的《钢人铁马》和《毛著随身带》出版发表了，画面中表现出的和同时代工农兵画家不同的天分与专业素质，为他赢得了不小的军旅画名。那时，他20岁，人物造型、构图立意都表现得不同凡响。绘画，虽然没有完全改变他的政治命运，但也圆了他青涩的画梦。时代是不幸的，但张培础有幸离开繁华的都市自觉接受生活的砥砺，这种在艰辛中夹杂欢乐的生活，为他日后的艺术创作，积淀了朴素的情感和丰富的素材。而且，他在美专打下的基础，就是在这样一个非专业的专职工作中得到了不断的充实和提高，这是他从部队复员到地方后，能够很快在创作上脱颖而出的重要原因。

1972年，在航标船上

还是一个平民角色，复员后的他，成了上海航道局黄浦江上的一名水手。不过，在那个特殊年代，工农兵的身份总比知识分子有地位，他这个既有造型能力又有丰富创作经历的水手，很快就成为上海市的美术创作骨干。从国画、油画、版画等大画种，到水粉画、连环画等小画种，他几乎无所不能。以当时标准，那应该是高端水平。他的中国画《闪光》《势不可挡》和连环画《鸭绿江畔》《江水滔滔》等，不仅为生活在那个年代的人所熟悉，而且也成为那个被称作"火红年代"的经典作品，并多次选入当代学者编著的一些美术史册中。

2017年，在家乡太仓

"文革"作品，作为我们这一代人的集体文化记忆是不会磨损的，尽管作为一种政治理念的投射，这种艺术创作方式违背了艺术规律，值得历史永久地反思与批判。不过，就每件艺术作品、每个艺术创作个体而言，他们未必都有悖于创作规律，未必都缺乏生活的感知乃至真诚的艺术创造。比如，张培础的连环画《鸭绿江畔》和《江水滔滔》之所以能够画得很贴切和生动，那是和他自己曾作为海军战士和航道水手

1973年，《闪光》入选全国中国画连环画展

1977年，《势不可挡》（草图）入选全军美展

的生活阅历密切相关的，就是用今天的眼光看，穿越历史的依然是那些真实的细节和质朴有力的形象塑造。而中国画《闪光》，除体现了作者很强的构思、构图与造型能力之外，作品通过"闪光"所表达思想内涵的这种"象征"和"寓意"的阐释方式，已成为当代艺术运用得最普遍的"修辞"语言。艺术的终极判断，不是一成不变的，正像"文革"之后用"艺术本体论"替代"艺术社会学"一样，当代艺术也试图用"文化学"颠覆"本体论"。因此，像《闪光》那样的作品反而在当代艺术的语境里能够获得重新释读的空间。

事实上，"文革"期间锻造和积淀了一大批最可贵的艺术人才，这批人才在文革之后乃至20世纪的最后整整20年间释放出巨大的能量，引领了中国美术在新时期的走向。在建军50周年的全国美展上，张培础的中国画《势不可挡》不仅再次显示了他出色的构思与造型能力，而且展示出他的水墨人物画达到的新水平。此时，他身边已聚拢了一大批上海市的业余作者，他的艺术水准和创作道路对他们产生了较大的影响。与程十发、刘旦宅那一代人物画家不同，张培础是在"文革"前后从西画走向水墨人物画的，而且，丰富的生活阅历与主题性的创作经验，使他的人物画具有宏大的叙事场面、复杂的人物组合与坚实的形象塑造。他在反复的创作实践中，摸索并掌握了素描加笔墨的水墨人物画技巧。就上海地区而言，除了作为浙派代表的方增先于1984年移居海上而改变了上海人物画创作格局之外，应该说，张培础是当时水墨人物画的主要代表之一。

20世纪90年代，随着中国改革开放的深入，以深圳、上海为象征的现代化城市发展规模迅速地波及全国。在艺术领域，那种主题性的、表现风土人情的创作模式，逐步为探索都市生活的表现所取代。一方面是回归艺术本体，凸显艺术语言自身的审美价值；另一方面则是聚焦都市，表达都市的人文关怀与人文景观。在中国画界，现代水墨衍生而出，"把笔墨还给媒材"，使现代水墨具备了大众文化时代的通俗性和视觉性。而水墨人物画，则在拆解了笔墨加素描的大一统模式的同时，也解构了写实主义的观念。都市人物的表现，不再局限于现实视觉经验的具象表达，而试图以虚幻的图式拼凑都市生活的现实场景，以此探索和触摸隐藏在高度物质文明背后的都市情感与心灵。与笔墨加素描的模式不同，都市化的水墨人物往往削弱了人物造型的完整性与坚实性，并从西式造型语言回归传统性笔墨——尽管素描造型意识对新生代而言是根深蒂固的。

对于张培础这样经历过主题性创作的人物画家来说，无疑也存在艺术的都市化转换问题。客观上，20世纪80年代之后，张培础先后执教于上海戏剧学院和上海大学美术学院，忙于教学和行政的他，更多地是把精力投入到水墨人物画的写生教学中，研究人体、研究水墨语言是他这种职业身份的责任和义务。因此，他把创作上的都市化转换和自己的教学研究，有机地联系在一起。相对"新生代"对于都市人物心理的捕捉，张培础的都市人物更具有唯美性。他很少用虚幻的图式，也从不肢解现实，而是有限度地和以往具象写实拉开距离。这种距离，又多半来自他对于笔墨语言的个性化创造。

他的水墨人物也不同于所谓"新文人画"的审美样式。如果说，20世纪80年代末"新文人画"的兴起是对写实性水墨人物画的反拨，以此消解人物画的主题性和造型性，那么，张培础的水墨人物画虽然也以笔墨意蕴构成作品的主要"意味"，但终究没有颠覆人物画造型性的表达。与此相反，因教学而进行的人体研究，不仅深化了他对于人体动态与节奏的把握，而且他的那些概括而生动的笔性墨韵的发挥与创造，无不建基在他对于感受真实性的尊重上，或者说是现场感受的丰富性才赋予他的笔墨以无比的灵动、鲜活。因此，他的水墨人物画既没有"新文人画"故做酸腐的程式化，也没有"新生代"都市人物消解现实图景的颓废感。

从主题性创作走向艺术本体的人，大概多少都接受了"艺术是有意味的形式"这一对艺术终极判断的影响。张培础虽然不可能完全更新自己对"艺术社会学"的实践与信念，但"有意味的形式"多多少少也成为他都市人物的一种表述追求。对他而言，这种"有意味的形式"不只是画面的视觉形式，更多的是笔性、笔意以及使"墨"在敏感的宣纸上传递出的意气、兴志和趣味。如果说，他从20世纪60年代开始的水墨人物创作，是在浙派人物画讲究"用线"的基础上加入了体面造型的素描关系，那么，在20世纪90年代所开始的都市人物系列中，他完全放弃了体面造型的素描结构，乃至浙派水墨人物勾花点叶式的语言方式，他将传统中的没骨画法放大为人体结构的主要语言，用偌大的笔触去堆塑人体的块面关系。他是在高度素描的基础上抛弃了素描，从而将人体的结构、转折、变化与节奏融化在没骨画法的用笔之中，表面上是书法用笔，骨子里却包含了许多体面与结构的关系。因此，他的这种"没骨"，不是真的没有筋骨，而是将筋骨与体面融为一体。

他的这种水墨人物，一方面和浙派拉开了距离，即不像浙派那样以花鸟画式线条的轮廓来"包裹"形象，将体面造型平面化；另一方面也区别于以山水皴擦为笔墨根基而讲究体面造型的北派人物画。他的水墨人物，是没骨加线，线面一体，时或全然没骨，时或空勾添面，"线"未必一定是轮廓，"面"也未必全然限于体面与结构。尽管他的水墨人物画偏重于浙派画法，特别是富有浙派那种洒脱而灵动的笔墨，但不得不承认，他把传统的没骨画法转换为富有现代视觉经验的一种表述语言，而且使外在的没骨充盈着内在的造型感和体量关系。也可以说，在浙派那种洒脱而灵动

《野趣》 2000年

2016年，尚辉先生在评论作品《哈雷王子》

《微信》2009 年

2016 年，"春华秋实"美展场景

的精神内核下，融入了北派的骨法与骨气。

水墨人物的"意味"，当然在于率意而为的"笔墨"。在"有意味的笔墨"上，张培础俯仰吐纳，熔炼百家，以简出之。比如，他的画面追求"淡逸"，不仅人物形象以淡墨出笔，而且整个画面也相应减少色相的对比，他试图在减少浓墨比重的同时，展示淡墨水渍之间丰富的层次。这就像在油画的某种色调中寻找丰富的色彩微差一样，耐人寻味。而且，即使在统领整个画面的淡淡的墨色中，他又会设置几处"浓墨"，这些"浓墨"看来是那么缺少中间墨色的过渡，但实际上，这正是画家在"淡逸"中挑亮的几笔深色，像点睛之笔，全画由此皆"活"。再如，他特别善于"用水"。或水破墨，或墨化水，或水撞墨，或墨冲水，从而使他的"淡逸"充满了水渍与墨痕的交混、离合、渗化、互融的自然之趣。这种水墨之韵、水墨之蕴，才是"淡逸"背后的一种文化哲思。又如，这些"淡逸"水墨的"意味"都是通过笔性、笔意、笔速传递的，他的水墨绝不"无笔而发"。"水墨"本身是一个"面"的概念，只有用与心灵相通相合的笔触才能传达"意与兴会"的线条。在张培础的水墨人物中，到处充满了富有激情的抒写性线条，是那些乘兴挥扫的书法性线条赋予了淡墨以饱满的张力，而笔性的掌握、意趣的发挥、笔所未到气已吞的机巧与老到，才是张培础"有意味的形式"所在。

其实，我们不能把"有意味的形式"只理解为艺术家的个性图式，"有意味的形式"还应包括而且也不能不包括个性化的"笔法"，个性化的笔法才是"绘画性"的根本，才是画家安身立命、锤炼终身的魂灵。张培础于 20 世纪 90 年代之后在他的都市人物中所追求的，显然已不是作为图像的"图式"，而是富有"意味"的笔法与笔意，这才是他对于绘画本质的理解与洞悟。

在绘画已被边缘化的当代艺术格局中，"画家"的概念似乎已不如"艺术家"时髦了。不过，以图像和观念为特征的当代艺术，并不能完全等同和取代绘画。我们在张培础的都市人物中欣赏的也并不只是图式和图像，更多的是高度精神化的"涂鸦"，是那种笔性与笔意的张力在支撑着他的艺术和人生。

尚辉，《美术》杂志社社长兼主编。本文原载上海书画出版社《书与画》2004 年第 11 期。

收获尊严——写在三哥七旬之季

张培成

记得十年前我哥张培础和他的一些学生在刘海粟美术馆,举办了一个名为"水墨缘"的师生联展,那年我哥哥60岁。不料随心栽下的"水墨缘",这十年来居然蓬蓬勃勃,伴随着我哥60岁后的快意人生,成为一群画家们自己的精神沙龙。

今年他已经迈入70岁的"古稀之年"。当然,今天70岁已是很平常普通的年龄。可是这个十年对他来说却并不平常。

十年前那个画册的前言是我写的,那篇文章的最后结尾处这样收笔:"60岁或许也是人生的一个新起点,尤其是对他来说可以干一些自己真正想做的事情了,因为他将完全属于自己。"那么这些年干了些什么完全属于他自己的事情呢?在《水墨缘十年》的画册中,有一批水墨缘画家的感言,从中抄摘几则,可见一斑。上大美院的副教授白璎如此叙说:"十年前那时正值研究生毕业没多久,我参加了导师张培础组织的水墨缘。当时水墨缘的成员基本都曾求学于张老师门下且大部分都初出茅庐,尚且稚嫩。开始时人数不多,且没有经费,但凭着张老师的全心投入,水墨缘才得以成长。经过十年磨砺,现在大多学有所成,不少已成为沪上中青年国画家中的砥柱。"在上海电视台工作的张黎星这样说:"大学毕业快20年了,我与水墨缘一直保持联系,水墨缘好似那根风筝线连接着我和水墨画,连接着师生情。在这里,有一种更接近艺术本源的轻松闲适的氛围。一群志同道合的朋友,松散地聚在一起,切磋画艺、没有功利、没有压力、自然平和,让人快乐充实……。张老师的人格魅力润物细无声地感染着每一个学生,随着年龄的增长,我会更珍惜这一份缘,常常想起一幅感人的画面:在喧闹都市的一个安静角落,有一些坚持水墨理想的人,在架上、在砚边,一笔一画,默默地耕耘着。"看看上大美院的丁蓓莉副教授是怎么说的:"2003年底为首次'水墨缘画展'画了《街景》系列、《睡着的房子》系列,开始了'水墨风景',这十年征程……。那些年展览机会稀少,如果没有水墨缘,或许就不会促成这些画的集中创作和亮相,此后水墨缘的每一次年展或其它展览都促成我这一年代表作的生成。回顾这十年路,张培础老师及其带领的水墨缘师友们,一直对我赞扬鼓励,给予我信心和力量,我就如一片沃土,他们在我绘画语言生成的关键阶段,提供给我充足的养分和空间,温暖而不可或缺。"还有好多好多青年画家们的感人肺腑的挚言,恕我不能在此一一罗列,但已经清晰地勾画了这十年中张培础在干了些什么。说实话,我在听这些感言时,真的是有点感动的,虽然他是我哥哥,当然我们很熟悉,但是学生们叙述的种种往事细节,我是并不知晓的。这里没有客套,也没有官话,只有真诚!"水墨缘"真的很特别,记得有一次为其写文字时,我一下子都不知怎么去称呼它,界定它。它不是一个团体,因没有作过社团登记;它也不是公司,因为它从不承接订货或揽活,没有经济活动,它也没有什么主席、理事

2014年,和施大畏主席在我的画展

2014年,展览的前言和我的肖像照

2014年，展厅现场

2014年，和培成弟在他肖像画前

2011年，"水墨星期三"沙龙在活动中

2014年，肖海春先生在观赏为他而作的肖像，右二为肖海春

的头衔爵位。后来上大美院觉得它已经成了学院教育的延伸，为学院争得了许多荣誉，所以对水墨缘有了很可贵的财力支持。其实水墨缘更像一个沙龙，却为上海水墨画的发展作出了极大的贡献。就最近的第十二届全国美展中国画的上海入围作者中，与水墨缘有关联的画家就有10位，占据总人数的三分之一，这已不是一个很小的比例了。

那么张培础在其中做些什么呢？他这个昔日的美术学院副院长，一点都没有院长的派头，从打电话到发通知跑印刷厂、布置展览，他都亲历亲为，他没有上级领导，也没有秘书跑腿和被学生拥着的威风。上海中国画院的青年画家庞飞说："在上海，除在上海中国画院、美术馆、美协这些个'单位'之外，能称得上'圈子'的圈子，就只有这么一个了。'水墨缘'是张培础老师一手创办的，但作为这个圈子的中心人物，张老师却没有什么做派。在我印象中，他好像从来就没有登台演讲宏图大略，也没见他拢好多学生，把自己拥着拍照片，招摇。"行文至此我已经大段大段地用了学生后辈们的感言，因为我相信他们的话比我这个弟弟的话应该更有说服力。

那么他这样卖力地干，难道不累吗？难道不烦吗？其实也并非如此。记得四五年前在一次聚会的饭桌前他曾经问过我，让我接过去继续做下去，但我一是觉得我可能没有他这么五湖四海的号召力，还有觉得做好是要投入好多精力的。可能我做不到，在我们周围这样的这院那会的也并不少，有多少能做成水墨缘这样的！十年不长，但对一个民间团体也不算短，查查民国历史，30年代上海的各种美术社团能延续几年就已算不短的了。这与张培础在呕心沥血地掌门操办是分不开的，上海优秀的画家不少，但要找到这么一个却并不容易。那么他图的是什么呢？很简单，他图的是快乐，在这里不想高调说什么社会责任感，我们这一类小民百姓还上不了那种高度，但是作为一名老师，看年轻人的进步、对学业的专攻，会由衷地高兴。因为此时此刻他已经没有了给学生评分划等的权力了，而那些大学生已无须刻苦，并没有人催促。但是这伙年轻人还这样地努力进取，这不正是学校教育所最愿意看到的景象么？培养一个将学习作为自己终生职业的学生，他从这里收获了快乐，同时也收获了学生与社会对他的尊重。

同时这十年间，他与"水墨缘星期三"（水墨缘中的老教授沙龙）的一帮老友相聚切磋也成了他们老年生活中令人羡慕的美景。前一阵正逢重阳节，媒体大谈有尊严地养老、体面地养老、在介绍养老院时总会介绍这里可以打麻将、打纸牌、下棋、老有所乐。至此我总会想到他们七位老画家，他们似乎聚在一起从不打麻将，不打纸牌。他们有他们的快乐，因为画画已经成为他们生活的一个重要方面，无须为名利，也无须为谁而画。他们戏称培础为校长，为了"水墨缘"活动运转的润滑，有时他们还会慷慨地捐画。我想有尊严地养老并不仅仅是堆积在金钱上的，那只是物质的层面，而我哥哥他这样的退休后的人生经历，他能体会到自己对社会的作用，能体会到学生对老师的敬重，能感受到一位七旬老人还能被社会需要的快乐，那是因为他的付出收获了尊严。我期待着到三哥80岁时，我再来写一篇，那将是耄耋的精彩。

2010年，学生在我家做客

画坛翘楚张培础

张鑫

2013年，随上海文史馆组团出访新西兰奥克兰

上海文史馆组团出访新西兰文化交流
左起：刘一闻、张培础、张鑫

张培础先生，现代水墨人物画家，海派画坛重量级人物。早年得法方增先先生，融海派水墨精髓，笔下的都市人物别开生面、清雅高洁，旨在悟人生真谛与笔墨之道。墨彩精妙处尤有音乐、诗意般的艺术节奏。其绘画理念有着深刻的审美价值和悠远、丰富的文化意趣。

因其从小嗜画，结缘水墨同道、弟子，情皆缘于水墨，乃榜书工作室名为"水墨缘"。

恰逢出访新西兰、澳大利亚的机缘，笔者才与画家张培础先生幸识。上海浦东国际机场，赶路的旅人匆匆，广播喇叭里英、日、韩、中语言不绝于耳。此时，拖着拉杆箱与培础先生在候机楼门口迎面相遇，第一印象概括为"三张名片"：鸭舌帽，随和的笑，一双看几眼就能把人貌特征绘于纸素的职业画家的眼睛。在景区赏景同时，尤善"赏人"，会时不时地道"哟"，这人长得很有特点，可入画。他待人恳挚，相交友善，人缘极好。这些比原先听人嘴评"他画裸女美而不俗""他是张培成的亲哥"的印象增添了些许切身的感受。闲聊时讲起的往事斧凿般烙在记忆深处：1995年国画系师生展在即，为赶画期，两个来月于系办公室打草席睡地铺，作画通宵达旦，两幅巨作《老墙》（5米）、《小草》（3米）皆出于此时。可信吗？面对穿着得体的他，顿时产生太多的问号。聊多了，方感知他对艺术的酷爱、痴迷已到了无可救药的地步。于是确信无疑。

张培础先生虽出身乡绅富裕人家，却偏爱粗放艺术，这可能与他早年当兵和水手的经历有关，落拓不羁，排斥精微。比如一双锃亮的新皮鞋非要"下黑手"做旧，揉皱，原本咖啡色皮质硬擦上黑鞋油，顷刻速成为"黑咖"花纹的斑驳鞋面，这才罢手。以至于出访澳大利亚时一位老外直犯迷糊，盯住打探这双特色"高档皮鞋"，问出自何处，他却暗自笑翻。他的家藏，大多"土货"充斥，集藏准则是质地、造型朴实和奇趣，带有异域风土人情的艺术品。与高价低价、升值贬值无关，有趣的是艺术家通常会追求艺术的沧桑感和残缺美。那次在圣马里诺发现一顶新仿制的古罗马时

《老墙》 150cm×500cm 1995年

期武士造型的金属头盔，出于对造型的青睐还是买下，但回家后终于被他搞得锈迹斑斑才终于遂愿。也曾经不慎打破手绘的瓷瓶，磨平破损处照样又成为别致的摆设。将创造力发挥得淋漓尽致，彰显他对世界充满神奇的幻想。

有人讲他的画"时而灵动豪放，艳中取雅，写生只是释放胸中逸气"，一旦绘及身边的朋辈，如"水墨星期三七友图""海上画家张桂铭"等，精微、酷似，更神采奕奕，"画到极致，难以超越"。他却异常冷静自审，说这里的结构还需要更严谨些，那里的笔墨需要更放松些、线条更硬朗些等，总是反观自己，从不得意忘形。

出访归国来年，惊喜地收到一份落款为张培础的快递。拆开，是一本237页的小八开画册。捧在手上，沉甸甸的。封画上写着：水痕、墨迹、画缘，2014张培础。原来是培础先生的70岁个展画册，标新立异。这些文字的陪衬是一幅画：一个穿黑色夹克、脸孔朦胧的青年男子，张开手臂……一看就知设计时明显跳开他的往昔风格。翻至96-97页复发现此画题为《画室》，宽2.5米，横构图，封面上只是此作的局部。有三个年轻画家，两男一女，中间即封面上的男子。张培础先生逆向思维，把他画成左撇子，怪诞而诡谲。令人惊诧的大色块：黑主调加灰色、嫩黄、青紫的对比色，魔幻而神秘。大笔触恣意豪放，几根竖线尾端拖泥带水，冲破狭隘旧套，与他早期严谨的学院派风格手法相背，画面的右上角一裸女模特横卧，消魂肌肤冰清玉洁。时空穿越，匠心独具，竟然通透于画板模特台之间。驳杂灵动的画境，仿佛是课堂，仿佛是梦境，仿佛是艺术家的困顿与虚幻。于是画家的神秘亦连带着浓重了。

为破解这一谜团，于是请教。张先生说：其实作此画完全是一时性起，从中间青年开始无任何稿子及构想，信手画开，随机而为，边画边调整完善画面，所以画成左撇子也是后来才发现的，但是不管了，只要痛快就好。只是享受作画过程，只是找新鲜感，找一种醍醐灌顶的感觉。

一席话，勾起想从多角度、多视野去了解这位神奇画家生平的欲望。

张先生的遭遇有幸有不幸。据他上海市文史研究馆员自传记载，他16岁入上海美专，师承郑慕康、江寒汀、应野平等，熏陶涵濡，受益匪浅。18岁时痛失父亲后从戎。尽管画作在军旅曾声名鹊起，却又遭遇家庭出身是"黑五类"的"滑铁卢"。军营六年后复员认命，统配至上海航道局船舶业，成为一名甲板水手，但从不放弃对艺术的求索。然而，正因为一次次错位，才给他创造了一个完整的展示艺术才华的舞台。此时，他已所见益广，所诣愈深。

改革开放后，才彻底摆脱艺术于政治泥潭的束缚，新作连连展览出版。先后赴日本、德国、荷兰等举办个展。关于成功的话题，他自认为幸运加坚守。因为坚守，

《张培础画集》（封面） 2014年

画室一角

他曾在海岸炮台值班站岗时，借月光照明作画；因为坚守，他于"三突出"年代，"带着镣铐跳舞"，创作了《闪光》等一批红极一时的红色经典画作，并因之被调至上海戏剧学院任教，后又任舞台美术系绘画教研室主任。1994年调任上海大学美术学院国画系主任。1997年任上海大学美术学院主管教学的副院长，与此同时反促他于教学、学术领域扎根更深，公余之暇，孜孜以求。

职业生涯打上句号后，似乎退隐了，然而他与学生们一起打造的水墨缘工作室却于沪上风生水起。圈内以姓名冠名的工作室春草丛生，他却否之，问其原委，说是"工作室的功能是有缘水墨之士的工作平台，与名望地位无关"。十余年来，工作室成了几代水墨画家的精神家园，品茗、论道、读书、戏墨、写生、出游、采风，每年策划各种展览，出版《水墨缘》画刊。尽管淡然处之，但工作室画家佳作频出，影响波及海上画坛，真可谓无心插柳柳成荫。

有独立个性及笔墨高度，是张培础先生作画时内心索求的两条标准，居其一已属难得，如兼而有之，实属可遇不可求。他喜欢读人、哲学、思索，喜欢百余年的苍茫天际、文化脉动。他画人物，顺应时代的律动、人性的悲悯，故其画耐品、耐赏。风格一如中西文化的融合，于中国传统经典艺术与现代艺术元素间寻觅个性路径，融汇东西方艺术之精神。

我尤喜欢《秋风》《秋行》等水墨小品，那洒脱随性的笔墨，方寸之间，透析的是城市精神抑或时代气息。他画中的人物常常就在你我身边，但情韵绕之，望之出神。有的画，地域风貌浓重，给历史平添一份温婉；有的画如同旧时光里捡漏，携着岁月的醇美与历久弥香；而有些画却色调浓重而又宁静，弥漫着一丝孤独与寂寞……

《秋行》 45cm×48cm 2008年

2013年，"水墨缘十年"艺术展

我是一个兵

张培础

一个全无阳刚气概，谢顶的花甲老者，一个稚气未脱，刚满 18 岁，身穿水兵服的学生兵，似乎难以等同。但连接半个世纪的时间跨度，这就是我。

要不是自报家门，很难会把我和兵扯上关系，军人总给人一种英武、威猛的外观，而在我身上早已荡然无存，只留下岁月在脸上的刻痕和抹平的头顶。我不是军旅画家，引以为豪的我只是一个兵。站岗、放哨、摸爬滚打、火炮手的战备训练、演习、打靶都曾亲历。即使当了放映员，要做的也是穿山越岭放电影、画幻灯片、出黑板报、展览布置。画画只是业余爱好。也曾羡慕军服肩上的一道杠、二道杠、三颗星、四颗星，但那只是泡影，那年代凭你的出身还想入党？还想当官？不敢，至今仍是个白丁。如今在宴席上常有人说起军人的豪爽，海量喝酒。可我却只记得高粱米、土豆丝和炒茄子，哪来的酒？训练归来狼吞虎咽，半斤的馒头吃上三四个倒是有的。这才是兵，这样的兵我当了六年。

50 年光阴飘然而过，但寥寥数年的军旅生涯，时常回味隽永，当年青人无忧无虑地生活在五彩的当下，品尝、享受时代、生命、生活的给予，我们这一代人却常会打开回忆的闸门。

和平年代的兵，没什么枪林弹雨的经历，但不足挂齿的区区小事也会让自己感慨不已。我们班里有个蒙古族士兵，早我两年入伍，也许因来自内蒙古草原，野性十足，擅长摔跤，性情暴烈，稍有言语不合就和人干仗，在连队小有名气，连长、排长也常奈何他不得。那年头部队搞一帮一、一对红、互帮互学、互结对子。谁也不想和他结对，但他想和谁结，谁又不敢不和他结对。班长让他先选对象，他却一下相中了我。我那时常借调在外面画画，和他有些陌生，真有些害怕。事后他却对我说，小张，俺是粗人你是大学生，有水平，这连里我就服你，其他人俺一个也看不上。一段时间的相处，一同训练、学习、值班、侃大山，竟成了绝好的朋友。其实训练、干活他并不比人差，从他身上见证了豪爽、赤诚和质朴。一次他因填事和连长闹僵，竟把连长堵在办公室大闹，大伙围在外，谁也不敢上前。咱班长说："小张，只有看你的了。"看来只能试了，我只能走到他跟前，拍着他肩膀说："老韩，怎么了？不想和我一对红了？"他一愣，停了片刻，竟马上就跟我走了。其实在他的内心深处是尊重知识文化的。正是这种互补，使我们相处甚好，到了年终我俩还成了连里的标兵对子。和战友相比，我来自城市，又偏瘦弱，军训、劳动时，班长常会偏袒我，不让我干重活，常常我反不好意思，而班长会说：嘿！你不是干这活的人。会画几笔画，竟会让大家如此看重。休息或假日，大家也会摆动作让我画速写，画后我送给他们。1964 年，连队搞"四清"运动，连里的忆苦会上，"不忘阶级苦，牢记血泪仇"口号叫得震天响，杀气腾腾。而班里的忆苦会上，当我不得不声泪俱下地深

1962 年，列兵张培础，入伍第 1 个月时摄

2009 年，创作《勇士》时场景

2017年，给学生当模特

2017年，为学生画像

1997年，重游当兵时团部和老领导战友合影

挖家庭出身的根子，自我批判之时，班里的战友却寥无声息，没人刻意显示自己积极的政治态度，没人乘机倒打一耙，也没人因此看不起我。事后反而安慰我。那段非常时期，从战友身上真正体会到人和人之间的温暖和真情。在如今人们之间的信任、信念日渐缺失之时，更显示了这种情义的可贵。在这些最普通平凡的士兵之间，没有勾心斗角，没有攀比炫耀，没有权力的争夺，只有真心的碰撞。这让我倍感珍惜和深深地感悟。

部队复员后我当过水手，当过教师，甚至也当了几年官，我似乎最适合和平凡的人们以平常的心态相交。战友、工友、同事、同道、学生、领导，在我心中并无差别。作为老师，我喜欢和学生融为一体，亦师亦友；作为画家，平心画喜欢的东西。艺术品进入市场是好事，也是坏事。画价的炒作、飙升，某种程度上扭曲了艺术的本质和艺术家的心灵。我不以为然，当初喜爱绘画，根本与钱无关，画得开心就行。退休以来，我和学生自然形成了一个艺术群体，起名水墨缘工作室，意为和水墨有缘，因水墨结缘。每年办展览，出画册，周末还一起水墨写生。我也喜欢写生，乐于示范、改画，只要他们喜欢，留下即可。长久画模特难免有些乏味，就参插学生轮流自作模特，我一同写生。四尺大小整幅的写生，画后都送给他们，而我享受了作画的过程。感受着这浓浓的艺术氛围和师生情谊，似乎又回到当年为战友写生的岁月。

我家侧旁就是西郊上海动物园，清晨上公园晨练快走已成习惯。早上8点之前那里是老人的天地，跳舞、跑步、快走、扯铃、打太极拳，举目皆是。我也是其中的一员，每天的老时间、老地方会和这些半生半熟的老面孔，交叉而过。更让我感动的是，一位老人，边慢跑边用那沙哑而不失洪亮的嗓音，随着步伐叫着"一、二、三、四，一二三四——"尽管他只是一个人。也还遇到一位老人，他用阅兵式的正步步伐作为他晨练的日课，银发飘拂，汗流满面，踢腿一丝不苟。当他从我身边走过，我毫不怀疑他曾经的身份——老兵。虽然并不相识，但一股热流会自然地涌动。这时的我也不由分说地会用当年出操时队列的步伐行进。

我也是一个老兵。

本文原载于上海美协主办的《上海美术》杂志。

第二章　艺术教育

融、容、荣——谈谈张培础的水墨教育

张璟

时　间：2009年2月15日
地　点：上海水墨缘国画工作室
谈话者：张培础（原上海大学美术学院副院长）
张渭人：画家
季　平：中国画院画师
王　恬：华东政法大学人文学院副教授
魏志善：上海师范大学教师
白　璎：上海大学美术学院国画系副教授
丁蓓莉：上海大学美术学院画系副教授
赵爱华：职业画家
毛冬华：上海大学美术学院中专部主任
邵仄炯：上海师范大学美术学院副教授
韩　峰：上海大学美术学院副教授

和研究生课程班同学一起

和国画系毕业生一起

海纳百川，有容乃大。这是中国人自古以来最推崇的胸怀，类似的名言成语还有很多，归结到底，就是要大，要有容。

融与容是东方文化中重要的一点，也是人本身需要的一种素质："融"即无别、和谐、融入一体；"容"即建设性生活于差异中。然而，恰恰是这种基本的素养却并不容易得到。

今天，当我们聚在一起回忆张老师几十年的水墨教育生涯时，一个"和善可亲"的长者形象清晰可见：他为人师表，身教甚于言教，润物细无声；他融入学生当中，没有分别心，没有隔阂感，与他们共同进步；他的胸怀像大海，以宽广的胸襟接纳一批又一批的学生，处处显示出豁达与宽舒；他在画纸上"写"下无私，以学生的成就为荣，却奉献了自己……

千军易得，良师难求！找到了相融、相容、相荣的师生情谊，那种或波澜壮阔，或溪水潺潺的情感，难道不值得我们珍惜吗？

2007年，"水墨缘"工作室早期成员工作会

一位随和的老师

季平：我认识张老师的时候，是在八几年，当时我还在厂里，借在上海市总工会搞创作，张老师是我们创作组的指导老师。一次，我有一幅作品想让张老师看看，

2009年，上海中国画院张培础水墨工作室写生

2009年，创作《勇士》场景

《勇士》（2）局部 2009年

他让我直接去他家里。那是我第一次与他近距离接触。一路上我忐忑不安，当时张老师在上海国画圈里已经很有名气了，我不知道他愿不愿意指点我这个后辈。那时候张老师住在西藏路，房子不大。而我那幅画是六尺整张，尺幅比较大。他二话没说，把地板打扫干净后就直接把画摊在上面。他趴在地上，一边看画，一边把他的想法和要求告诉我。我没想到张老师那么随和，一点架子也没有，先前的顾虑和心理负担一下子就消失了。后来我们接触多了，我越来越觉得，张老师真的太有亲和力了。在进入上大美院研究生课程班之前，我还参加过一个人体画班，张老师经常来辅导我们。班上的学员大多是像我一样的业余绘画爱好者，虽然热爱画画，但水平有限。张老师并不因此忽略我们，反而和大家打成一片，一起画画、吃饭、聊天。不管你画得好不好，张老师都一视同仁，你要他给你建议或者亲自示范，他从不拒绝。这让我想起了孔子，也是一位极有亲和力的老师。孔子与学生共同生活，接近学生，接触学生，照顾学生，关心学生，与学生讨论，允许学生提问，由此养成了师生间好学的学风，也形成了师生间深厚的感情。孔子爱护学生，学生敬仰孔子——这是一种亲和的关系，是合情合理的师生关系。可见，真正的教育未必需要明确的方针或大纲，如果老师放下架子，融入学生，那么他的坐言起行和学术造诣必定会影响学生，并且产生人格感化的重大作用。

张培础：其实，我从来没有想过要放下架子，因为我天生就没有什么架子。就算现在有学生拿着画稿来我家，我照样摊在地上帮他们改。只不过年纪大了，有时候学生不好意思，赶紧把我扶起来，坐到椅子上。我觉得，过分地讲究"师道尊严"，反而会使师生关系变了味儿。老师的话不一定就是权威，尤其是艺术，与数理化是不一样的，每个人的感受不同。大家都知道，我上课最大的特点就是随意，心里想到什么就讲什么，要我一本正经拿出教案和提纲，我拿不出来。不过有一点很明确，当老师的就应该画给学生看。因为我在当学生的时候，我的老师是这样给我们上课的。比如，今天教梅花，老师会在黑板上用粉笔画出梅花的花瓣、花心和花杆，给我们大至讲解一下各部分的画法，然后就走下讲台，在下面随便找个同学的座位示范作画。学生围在他周围，他边画边说，轻松自如，还会说些笑话或往日画坛轶事。所以我在当老师的时候，也很乐意示范作业，教本科班的时候，我第一堂课肯定是画给他们看的。

王恬：真的是这样，在整个水墨教学过程中，张老师并不过多地阐述理论，而是亲自示范，和大家一起画。依张老师今时今日的声望，他完全可以不动一支笔，每天来课堂上说几句话就走，然而他几十年一直坚持示范作业，因为写意画里"写"

2016年，在黄浦区教育学院为美术教师示范场景

是亲自示范，和大家一起画。依张老师今时今日的声望，他完全可以不动一支笔，每天来课堂上说几句话就走，然而他几十年一直坚持示范作业，因为写意画里"写"与"意"的关系，在理论上表示往往会很抽象和空洞，只有老师的亲身示范，才能让学生体会深刻。因此，有很多我们在写生中困惑的问题，通过看张老师画画的过程，便得到了解决。这的确是写意人物画最有效和最实际的教学方法。

2000年，在研究生课程班时示范讲解

韩峰：我做张老师学生的时候，有比较深刻的体会，他不喜欢讲大道理，也没有深奥的教学理论，除了示范操作外，他往往深入浅出，在平时的言谈中将自己的思想传递给我。2002年开始，张老师是我的研究生导师。记得一年级时，他时常来我们画室，每星期要来三四次。他不单纯地指导，更多的是找我们聊天，海阔天空地聊，聊他自己、他的前辈和同辈们的绘画经历。聊得多了，我渐渐发现水墨还有很多东西可以挖掘。其实，在认识张老师之前我一度偏离水墨。在张老师的帮助下，我又重新找到了水墨信念，并决心坚定不移地进行水墨创作。

研究生班毕业展，右起：方增先、汪大伟、张培础、邱瑞敏

一位宽容的老师

丁蓓莉：我曾经听一位老前辈说过，"为画事小，做人事大"。张老师一路走来，有这么多人拥戴他，正是由于他的人格魅力。他做人很大气，在我所有的老师里面，他是最随和的。老子在《道德经》里提出两大实践主题——"无为而治"与"不言之教"。"无为而治"是指在教育教学过程中，顺应学生的成长规律，减少不必要的干预。"不言而教"不能简单地理解为什么也不说，而是要少说，说到点子上，更多的是靠教育者的人格力量和表率作用来说话，是潜移默化的引导。老子这两种主张恰恰就是张老师的教学态度。所谓"桃李无言，下自成蹊"。我作为张老师的学生，他从来不限制我，总是鼓励我，让我按照自己的意愿发展。受张老师的影响，我现在带学生的时候，也不会硬生生地要求他们这样画、那样画。我会因势利导，很少局限他们。虽然有时自己也会怀疑，他们这样画到底行不行。可能我主观上会认为不对，但如果他们确有独到的观点，只是超出了我现有的知识结构，我就不能过早扼杀之，应该让其自由发展。

2006年，水墨佳人展上和参展女画家一起

赵爱华：我们今天谈论张老师的艺术教育生涯，我想在座的所有他的学生都有此体会——在这个教育有所异化的岁月，我们能亲身感受张老师的师德和"无为而治"的教学方法，让我们的灵性和特点能得到充分的发挥，可以说，这是我们作为他学

生的福气。单说我们研究生课程班十几名同学，学生之间风格迥异，但似乎能时时感受到张老师的影响力。我想，这是作为老师最大的成功，师承老师的应该是一种德行和精神力量，这是远比技法更重要的东西。记得我去新加坡之前，张老师塞给我一卷珍藏多年的宣纸和一摞精良的日本宣，当时他没说一句话，但他的眼睛分明在告诉我："到那儿去也要好好画画。"每次我请张老师对我的作品进行评价的时候，他总是显得特别慎重，生怕他的观点会影响我的创作，他严肃的表情让我对绘画中出现的问题不敢懈怠。但更多的时候他会对我在绘画中出现的问题，幽默地调侃一下，让人在轻松的气氛中来检视自己，认识到自己的不足。

《水墨人物速写（一）》 2017年

邵仄炯：张老师虽然有自己明确的艺术主张，但他在教学上却体现出一种"海纳百川，有容乃大"的海派精神。他是非常宽容的，没有门户之见，也不搞专制。不管你画传统的还是现代的，他都能接受；无论你有怎样的审美取向、兴趣爱好，他都会包容，然后根据你自身的条件和特点，给予帮助和辅导，为你指明一条道路。

张渭人：其实，张老师希望每个学生都走出一条属于自己的道路，他不要学生画得与他很接近。北京有很多工作室，学生的画与老师一模一样。张老师反对大家这样，他要我们拉开距离，要有自己的个性、特色。有一阵子，丁筱芳与季平的风格有点相似，张老师马上提醒他们不能靠得太近。所以我们"水墨缘"每次开画展，风格都拉得很开，有各自的画法和面貌，保证大家不撞车。

《水墨人物速写（二）》 2017年

张培础：否则每次开画展，你们的画风都和我一样，有什么好看？跟着我画是不会有出息的，因为我永远都是领跑的。你要后来者居上，就只能从边上绕。我常对学生们说，你们看到好的东西，不是在表面上学习他的画法，而是要避开它。前几天有个学生拿来几张画，学张桂铭画人物。我跟他说，人家一看就知道你从张桂铭那里照抄照搬，有什么意思，你又画不过人家，还不如让开他。当然你可以从他那里得到启发，融入自己的作品，让别人能看到里面有张桂铭的意念，又有你自己的风格。我希望学生能按照自己的想法走，不要太规矩，他们在水墨实践中的各种尝试我都是支持的。

丁蓓莉：我前几天看了一篇关于北京宋庄的报道，随着规模的扩大，最早的那些艺术精英开始抱怨那里太杂了，什么人都有。老栗就发话了，"水至清则无鱼"。有些老师眼里容不下一粒沙子，张老师则完全不同，他不仅对学生是如此，对艺术也是如此。现在"水墨缘"这个团体里，有我们这些专业学院里的教师，也有社会上一批非专业

《水墨人物速写（三）》 2017年

《水墨人物速写（四）》 2017年

《水墨人物速写（五）》 2017年

《水墨人物速写（六）》 2017年

的艺术爱好者；有传统的国画家，也有像王劼音、凌启宁老师那样的版画家、油画家。张老师已经把"水墨缘"这个平台扩展到社会层面，让我们这些长期待在象牙塔里的老师和学生，可以和学院以外的各界朋友广泛交流，这对大家都有好处。

一位谦卑的老师

张渭人：我们真的很荣幸也很高兴能够考入上大美院研究生课程班，成为张老师的学生。我们这批来自各行各业，有艺术院校教师、新闻记者、出版社美术编辑、美术设计师、公司经理、企业老总等。为了提高自我，我们挤出业余时间走到一起，重温学生生活，在艺术海洋中不倦求索。虽然没有文凭，但是我们学习的热情是非常高的。王恬说，他在大学四年，还不如我们研究生班里一个学期画的东西多。

张培础：能教这个研究生课程班，我自己也很开心。因为平时忙于教学行政管理事务，每到周五、周六我就有借口了，因为我要上课。其实我是想溜出来和大家一起画画，这个过程对我自己的帮助也很大的。

季平：曾经我们在交流研究生课程班上的体会时，张老师有一句话让我印象很深，他说我虽然是老师，实际上，这些学生本身也在影响着我，我在不知不觉中向他们学习了。张老师不把自己看作是老师，始终抱着学习的心态，我觉得像这样谦卑的态度，不是每个老师都能做到的。

张培础：我常常设想如果没有这个课程班，我现在的画风也许不是这样的。你们在上研究生班，我感觉自己是在上博士班。或许我的造型能力、速写和笔墨能力比学生强，但在观念上我绝对比不上年轻人。因为我基础扎实，而在教学过程中，学生的观念进一步充实了我。我暗暗窃喜，跟你们一起画，我自己也得到进步了。

毛冬华：张老师是很谦虚的，他从不把自己看成权威，也不避忌从学生身上得到启发。有些老师觉得自己的本事教学生绰绰有余了，便骄傲自满，故步自封。但张老师一直在寻求变化，寻求突破，为我们树立了好榜样。比如以前他比较传统，用线条比较多，现在转变成用墨、用色多，在造型风格上也有很大的改变。

王恬：我发现张老在2000年以后的作品有一个很大的变化——他在写生中进行创作，把原本写生单纯解决技术问题，上升到解决艺术问题。2000年以后张老师的作品让我感觉耳目一新：他强化了笔墨在造型中的主导地位，注重人物造型中的笔墨结构，将现实中的人物结构变成了一种富有美学意义的笔墨结构，摆脱了人物画的现实性对笔墨的种种限制。这后来也成为张老师在水墨人物教学上的指导思想。

一位严格的老师

王恬：我从 15 岁起就跟着张老师学画了，我觉得他最值得我们学习的是，知道哪些东西是要坚持的。他 16 岁进上海美专，今年 66 岁，坚持写意人物画创作整整 50 年。这 50 年里，与他同辈以及后来不少画水墨人物画的人，后来都转行了，但他的艺术方向却始终没有改变。

张培础：在中国画的人物、山水、花鸟三大画种之中，人物画最具难度，因为它对造型的要求比较高。所以圈子里的人会这么说，年纪大了，人物画画不下去画山水，山水画画不下去画花鸟，花鸟再不行就写书法。而我对自己说，只要撑得下去，一定要坚持到底。有时候我们看前辈画家的作品，发现他们年纪大了以后作品都"傻"了，这或许与他们脱离生活有关。写意人物画的画家，应该通过对现实生活中的人以及物象反复观察、思考、感悟、构想，触景而情生，形之于笔墨，创造出一种源于生活又不同于生活，既体现生活本质的真实，又突出人物形象的神韵特征，同时又蕴涵画家的情思、理想以及对自然物象的独特感受。所以我非常重视人物写生，而且我会要求学生用笔墨直接对人物写生。因为用笔是很讲究"笔性"的，只有在长期执笔的过程中才能体悟到。这就像游泳一样，自己不游，永远都不知道水性。

王恬：张老师除了坚持人物写生和笔墨教学之外，还十分重视学生的速写能力的培养。这是最基本的。初学者入门时的第一个环节就是速写训练。这个环节是"写"的初始阶段，也是培养"写"的作画习惯的开始。记得我那时候每星期要画 140 张，每天 20 张速写。

魏志善：说到速写，我这里还有一个故事。在我进大学之前，有一次听到张老师与我哥哥闲聊，谈论各自的体会。张老师说他在读中学的时候，老师十分强调他们的速写能力，所以他坚持每天都画很多速写。那时候我对张老师的画已经非常崇拜了，我终于知道，原来张老师那么好的画都是从速写里出来的。从此以后，我强迫自己每天进行速写训练，甚至后来到了农场里也没有间断过。事实证明，速写真的非常重要。在我考师大的时候，还在农场里。我们那时候考试，不是人人都有资格，考官会先审核你的素描作品，过关的才会给你发准考证。可是，我在农场里从没有画过一张素描，面试的时候我只带了一叠速写，却意外地得到了准考证。后来，我只用两周的时间专攻素描，效果立竿见影，最后顺利通过考试。入学之后才有人告诉我，当时考官是不想给我考试资格的，但我的速写得到他们的肯定，于是网开一面，破例给了我考试的机会。没想到，张老师在不经意间所说的几句话，竟对我产生了

2017 年，在"水墨缘"画室

《水墨写生》 2017 年

《水墨写生》 2017 年

《非洲留学生》 2015年

2012年,在法国为法国女郎速写。右一:韩硕先生

这么大的影响。一直到现在,我每次为新学生上课,都会讲这个故事,这已经成为一种习惯。只可惜,现在的学生可能只当成耳边风,未必会像我当初那样铭记于心。

张培础:现在有些学生真的太不像样。某一届毕业班有个姓张的同学,他画完毕业创作的草图,拿到我家来给我让我指挥。虽然已经退休了,我倒没有敷衍了事,用八尺整张画纸为他示范。他不会,我就构一遍给他看。过了一阵,我去学校,看到他们的毕业作品,一下子就懵了。那个学生分明把我构好的画,涂上颜色,就当成毕业创作交差了。我当时义愤填膺而且也很痛心,没想到学生会做出这么恶劣的行径。我绝对不能姑息,立刻打电话到他家,要他重画,否则零分处理。

魏志善:张老师遇到这样的学生只是个别现象,不过这也反映出他的另外一面——严格。如果在原则问题上学生做错了,他就不会像平时那么随和,甚至态度非常强硬。张老师的人品和画品都没的说,但在原则问题上绝不让步。

一位无私的老师

邵仄炯:张老师总是把学生的事情当作自己的事情,把学生的艺术生命看作自己的艺术生涯的拓展和延续。从他最早教过的一批学生,现在已经四五十岁了,是我们的学长,到我们这一辈甚至是我们的学生这一辈,凡是张老师教过的,不管你是留校还是踏上其他工作岗位,他都会时常关注你的艺术动向,不像有些大学教授,课程一完结好像这段师生关系就结束了。有的同学,本来在绘画上颇有才能,但是进入社会以后,由于工作的关系,慢慢淡化了自己在绘画上的兴趣。张老师知道后,就会非常主动地跟你提及艺术上的事情,及时通知你画展和活动的信息,希望你能坚持艺术道路。这对于我们一些脱离了课堂学习的同学来说,起到了非常积极的推动和鼓舞作用。

白樱:在我的个人成长过程中,张老师让我受益良多。他1999年开始做我的导师,当时我的画风追求细节上比较多,经过三年的研究生生涯,我的画面有了质的飞跃。在那个演变的过程中,张老师给了我很多建议,实在是功不可没。张老师不但关心我们个体的发展,他更关心上海水墨画的发展,这是一个宏观的教育思想。当前在上海画坛里,水墨画并不是主流,甚至有些边缘化的趋势。在这样的背景下,张老师搭建起"水墨缘"这个平台,使我们这些同道中人可以交流心得,共同探讨海派水墨画的现状和未来。如今,"水墨缘"已成为上海画坛中一道亮丽的风景线。

丁蓓莉：张老师是上海具有代表意义的水墨教育家，除此之外，他在"水墨缘"里投入的这些精力——把《水墨缘》从一本画册办到公开出版的杂志；有质有量地策划"水墨缘"画展，我觉得他又有点像"策划人"或者"艺术活动家"。张老师具有很强的行动能力，而且他只求付出不求回报，从不斤斤计较。正因为他的无私，使他受到很多学生和朋友的拥戴。

毛冬华：张老师为我们付出的心血实在太多了，但他从来不抱怨，而且还乐在其中。那年夏天，我们十位女同学在大剧院画廊举办"水墨佳人"画展。从联系场地到组织参观者以及和画廊负责人洽谈报酬和条件，几乎所有的琐事都是张老师一手包办的。这都是我后来从画廊负责人那里知道的。他说你们张老师真的太好了，大热天的他也亲自过来，处理大大小小的事情。那次画展非常成功，我们为了表达对老师的谢意，每个人准备了一幅小小的作品，裱成册页，当作生日礼物送给张老师，他非常感动。

韩峰：我觉得张老师对我们就好像自己的亲人一样。每次我们来他画室开会，下面门铃一响，张老师就会站在门口等我们上楼，就像是家长在等待远归的子女，有一种翘首以盼的感觉。

赵爱华：有时张老师也会视学生为朋友，在画展上你没看见他，他就已经走过来同你打招呼，丝毫没有长者的架子。另外，张老师对学生的慷慨和无私的帮助，在学生中也是众所周知的。我想这就是张老师贯穿始终的人格魅力，这种人格魅力正影响着并在他的周围凝聚着一群爱他的学生。今天，我们终于有机会说说自己的老师，这也是当面感谢师恩的好机会。谢谢张老师，深深地。

2008年，为奥运会"同一个世界"画展创作

2007年，"水墨缘"年会上，学生们赠送一本他们作品的册页给张培础老师

2016年，学生春节拜年

本文原载潘耀昌主编：《足迹：从上海美校到上大美院》，上海大学出版社2009年版。

十年水墨缘

张培础

2013年,"水墨缘十周年"画展开幕上,上大美院院长江大伟致词

2003年,"水墨缘——张培础师生展"上,张培成致词

2003年,画展上画册签名处场景

水墨缘十年,说的是水墨缘工作室跨越了十载春秋。

十年水墨缘,则是叙说水墨缘工作室的画家们,十年中师生、同学、朋友间浓浓的水墨情缘。透过十周年的庆贺,我们更在意的是凝聚人文精神的水墨之"缘"。我就来聊聊这"缘"背后的故事和由"缘"引发的点滴思考。

缘来如此

1999年,上海大学美术学院开办了首届美术、艺术设计专业的研究生课程班,课程班的开设为一部分年龄偏大、文化课程上有一定困难的学生开辟了一个窗口。学生多为新闻出版系统、大专院校、艺术院校的专业人员、青年教师、历届毕业生等,他们专业上都有良好的基础,但更渴望有一个深造、提高的平台。当时美院的课程班管理上总体由我负责,而现代水墨这一研究方向主要由我执教。学生中不少人毕业于本院国画系,还有部分年龄偏大的则是沪上的一些美术创作骨干,大多曾在过去听过我的课,彼此都很熟识,所以班上的学习气氛和关系极为融洽。大家都很珍惜这样的机会,学习上异常认真刻苦。在教学内容安排上,我常邀请上海的名家来参与教学并作讲座。陈佩秋先生、方增先老师等都来讲过课。因为此班以人物画为主,常规的课程安排了大量的水墨人体、人物写生、素描速写等。每逢周五、周六是上课的日子,除了教师的身份我还是个画家,那两天是我名正言顺地摆脱行政事务,和同学一起埋头作画的日子。因学校教室有限,课堂租借在外,几年中课堂换了多处,最初在静安寺的一座商务楼内,后又迁入虹古路一所学校、徐家汇教堂旁、宝山锦秋家园、徐汇文化宫……因在校外,教学设施、条件相对简单。每当回忆起那段时光,大家无不感慨万千,最有体会的应该是大量水墨人物人体写生的训练,极大地提高了大家的造型和笔墨驾驭能力。其间每遇到市里、外界的重要展览,我都会鼓励大家积极参与。针对创作中的难题,大家集思广益,探讨、切磋、互动。为了赶时间,同学们常常通宵达旦地作画,创作了不少好作品。特别是首届研究生课程班的毕业展上,现代水墨方向专业学生的作品,给大家留下了深刻的印象。

天下没有不散的宴席,两年火热的学习生活,戛然而止。结业后各自回到岗位,原先周五、周六的上课时间给抹去了,此时的他们反而不习惯了。我说欢迎你们来玩,教室在校外,你手痒了,想画就跟下届学生一起照样画,有外聘教师上课,想听也可以。就这样,周五、周六又热闹起来了。一次课间休息大家聊起,"张老师,就以你的名义,我们搞个工作室吧!我们都来参加,这样就有名分了"。这是个主意,可以试试,但我不要以我的名义,名称应与水墨有关,于是,设想以上海和"水"字的开头拼音字母 S 和墨的字母 M 合并，叫 "S.M 工作室"。最初就这样开始了，谁有空都可以来作画，我也安排老师作讲座，王孟奇老师、张培成老师都来讲过课，还作示范。记得当时课堂在徐家汇天主教堂旁的楼上。2003 年的某天有同学和我说，听说老师来年将跨入 60 岁花甲，大家想借此热闹热闹。祝寿我是反对的，但后来有人提议换个形式，搞个师生展吧。作为老师，我感到这还有点意义，就这么定下了。

既然以师生展的名义，我还有不少在校或其他以前毕业的学生，于是从中又选了些平时关系密切、基础好的学生，总共 20 余人参加。随后的近半年时间大家热情高涨，积极地创作筹备，还自行集资印制了画册。展览前夕，涉及展览名称的确定，我想我们大家都热衷水墨，这是和水墨的 "缘" 分，我们结成师生、同学关系也是因水墨而结缘，闪念之间定下了 "水墨缘" 的名称。

2003 年 12 月 27 日，"水墨缘"——张培础师生作品展在刘海粟美术馆开幕。在美院领导的支持下，在全体成员悉心努力下，展览气氛热烈，取得了圆满的成功，这为大家增添了信心和力量。展览过后，大家兴奋地说，'我们就不要散了，今后要继续开展活动。此时，研究生课程班办了三届后终因生源不足，只能无奈停办。而以 "水墨缘" 命名的工作室此刻开始了它的水墨旅程。

缘缘不断

工作室成立了，但应该做些什么？我和大家心里都没有底，但也没有担什么心，因为我们只是些单纯地扎根水墨的画家，工作室不就是工作的嘛！只要能经常画画、相互间交流就很满足。

2004 年后我退下领导岗位，当起普通老师，好不轻松，再不用为教学行政事务操心。学生王恬在我家附近的湘府花园小区有套公司房暂且成为据点，我也时常和大家在那里聚会，但不是自己的终究不便。我很希望有个画室，自己既能画画，又能作为工作室活动场所，于是就租了套三居室作画室，周六、周日请来模特，学生们来画人体、人物写生。还有其他青年朋友闻讯而来，我是有空就来，大家一起画画聊天，感觉好极了。慢慢地自然也聊起了是否能每年搞些展览，让我们的作品和观众见面，就算年展吧。此刻季平的一位朋友，企业界的李培荣先生热心地愿意资助我们活动，从企业和文化联姻的角度，合作创办起了《水墨缘》画刊，并于 2005 年在刘海粟美术馆举办了 "印象·上海" 水墨 2005 首届年展。2006 年又蒙上海大剧院画廊支持，为水墨缘十位女画家举办了 "水墨佳人" 画展，展览得到沪上美术界的青睐。之后每年的年展，同时会邀请沪上名家参展，极大地鼓励了水墨缘工作

2004 年，师生展闭幕式后学生为老师祝贺生日

2005 年，"印象·上海"，水墨展开幕

2012 年，梦花源，"水墨星期三" 沙龙活动

2011年,"对画"展上海展开幕式参展画家和汪大伟院长

2011年,"对画"展杭州开幕。右起：吴宪生、刘国辉、张培础

2005年,"印象·上海",水墨展上和张桂铭在作品前

室青年画家的创作积极性。2005年10月的一天,老同学老朋友王劼音、凌启宁、丁荣魁、阿兴来画室玩。尽管他们都是油画家,并退休在家,但对艺术的追求从不停步,也有意来画室雅玩水墨。这对我来说是求之不得的好事,一拍即合,约定每星期三是我们的水墨日。至今八年过去了,"水墨星期三"成了我们的雅号。之后,老友罗步臻加入,老同学陈谷长入席,连我在内成为"七老"。别看"四老"出身油画、版画,一旦玩上水墨,别有洞天,独具一格。星期三时有朋友来访,大家感触良多,吃茶聊天中谈及中国水墨和其他画种的关系及中西交融等学术课题,中国水墨的边界、边缘诸话题,乃至设想策划一个中国画家之外的油画家、版画家和国画家"同台墨戏"之画展。这就是2008年莫干山路创意园区中"水墨边缘"画展出台的缘起。一番征召,一呼百应,沪上50多位不同属性的画家以水墨画参展,《新民晚报》专栏评论家林明杰先生撰写文章《油画家墨戏刺激国画家》,引发沪上美术界的讨论,颇具影响。

除了年展,我们不少展览活动的创意常常是随机生发,突发闪念于闲聊之中。2010年,听闻中国美院近期有一系列教学展览,我们就邀集了工作室内外画家同赴杭州观摩学习,当晚下榻梅家坞。晚间谈及当年的年展事项,有人说"数年以来年展成为程式,老调重弹,有些乏味,是否也仿效高考来个命题作画考考诸位？"这主意被众人认可。如何出题？先发扬民主每人发一纸片,20余人人手一题,当场收齐后唱票,真是创意不断。不料其中与"窗"有关的题目有好几个,什么"窗口""窗台""窗外"……最后民主集中,一番商议,当场确定当年年展以"窗里窗外"为题,并规定统一尺寸,统一镜框,也包括被邀请的名家。2010年金秋10月,"窗里窗外"水墨缘年展暨名家邀请展在虹桥当代艺术馆开幕,颇具特色的创意也引得一番关注和评论。

近年来我们还两次举办与外省市的交流展。2011年,在参观访问中国美院中国画系并交流的基础上,策划了两院工作室交流展,由我和吴宪生教授各带领十位学生,代表上海大学美术学院和中国美术学院举办名为"对画"的上海、杭州两地人物画联展。展览在上海、杭州两院先后展出并印制画册,因我和吴先生都是方增先老师的学生,展览前我们专访了方老师,请他给我们作水墨人物画的学术论述,并刊入画册。展览颇具规模和学术性,推动了两院的艺术交流,在沪上美术界也为首例。

海派代表画家张桂铭先生与我是多年至交,更是水墨缘的老朋友,从2005年起就一直关心支持并参加我们的年展,他长年关注对水墨新秀的鼓励、培养和提携。2010年绍兴市成立了张桂铭艺术馆,此后张桂铭先生又在上海、绍兴两地中国画艺术的交流中发挥了重要作用。去年12月,应张桂铭先生邀请和共同策划,工作室先后在绍兴张桂铭艺术馆举办了"海上墨缘"海上名家邀请展、"水墨拾方"上海青年画家水墨画展。今年5月在上海大学美术学院举办了"沪墨越韵"上海、绍兴青年水墨画家联展。两地20名水墨新人同场竞秀，为两地的艺术文化交流开创了先河。

缘缘流长

水墨缘的十年，并无崎岖坎坷之路，我们在平实淡然的脚步中从容走过，从20余人开始，至今老中青一堂40余人。除了老教授，中青年画家不少已成为副教授、硕士生导师，上海中国画院画师及各专业单位的骨干，并全部加入上海美术家协会，长年活跃在水墨画坛。仅以2009年全国美展为例，工作室成员作品八幅入选，占上海中国画入选总数近四分之一。今年11月的上海美术作品进京展102幅作品中，工作室画家作品入选13幅。十年来，以水墨缘工作室名义策划主办美术展览23个，出版、印制各类画刊、画册25册（套），采访、研讨座谈、各种聚会十余次，在上海美术圈产生了一定影响。

其实我们只是一个松散、自由、自发的群体，没有社团登记，没有办公场所，没有章程规则，没有会费、经费，更无头衔、画师封号，只为对外交流工作之便，我和季平才挂个正副主任。水墨缘工作室从师生展起步，但缘起水墨，水墨才是我们的核心，因为水墨我们走到一起，成为师生。为师者只是年长于学生，从艺之经验、经历、感悟早于或多于学生。如果说初级阶段老师的言传身教是基础训练的必由之路，那么相对成熟后的艺术旅程，我们是亦师亦友的艺术同道，在艺术上是平等的。我们力求消解浮躁的心态，保持一份纯真，我们关注水墨艺术的本体，只为圆各自的水墨之梦。水墨缘工作室团队的凝聚力来自大家对水墨艺术探索、创新的个性追求，我们策划的每一个展览对每个成员是一种压力。他们清楚将压力转化成为动力的过程是一次艺术的升华，是团队为他们创造了升华的空间，是团队给予他们在水墨舞台频频登场的机会。我们相互探讨水墨之道，不时邀集画家、教授座谈交流、切磋，思想观念的交锋，青春活力的传递，时时伴随着我们。在这自由、开放、宽松、平和的艺术氛围中，无论老少，受益是相互的。工作室无疑成为一个理想的探讨、研究水墨艺术的学术平台。

与水墨缘最贴近的无疑是我们的母校上海大学美术学院，工作室的绝大多数成员，原本就出自学院的本科、硕士研究生，研究生课程班还有退休的老教授。工作室的成长壮大和社会影响力无形地推动并促进了学院的教学，体现了学院的教学成果，成为一道亮丽的风景。邱瑞敏院长、汪大伟院长多次参加并出席我们的各种展

某年展场景

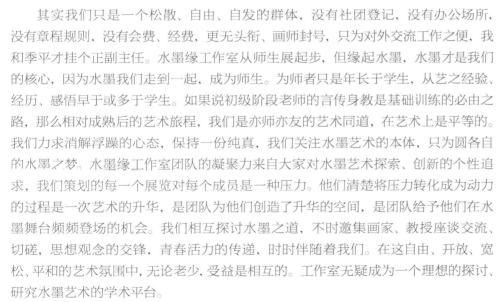

2007年，"水墨缘"年会

2007年，"水墨边缘"画展场景

2014年,"水墨星期三"沙龙活动

2011年,给方增先老师拜年

览和活动,近年来更关心工作室的活动,给予了经费上的支持,让我们无比欣慰和感动。此外上海美术家协会主席施大畏,副主席、秘书长陈琪也是水墨缘活动的常客,多次出席并参与我们的展览和活动。工作室还多次和上海美协联合主办过有关展览。这都是对我们莫大的支持和鼓励。

伴随我们工作室的脚步,《水墨缘》画刊的作用功不可没。尽管因为缺乏足够的编辑工作条件和经费,画刊在时间、质量、规范上尚有缺陷,但我们坚持了下来。画刊成为工作室对外宣传海派水墨和工作室一系列活动的一个窗、一块园地。画刊以美术界的热门话题邀请专家座谈,还通过画刊组织海上名家对水墨新人的推荐。画刊让我们可以回望水墨缘工作室成长的身影和每一个前进的脚步。为此,我们必须感谢李培荣先生在画刊初创期和我们的愉快合作和资助,更要感谢斯文印刷公司李维新先生对我们工作室一如既往的支持和帮助。从2003年师生展的第一本画册起到这次《水墨缘十年》大型画册,工作室的画刊和画册基本都由斯文公司资助并印制,不论遇到什么困难,李维新先生始终帮助我们克服解决并给予经费上的大力资助,显示了一个企业家对艺术文化事业关心爱护的博大胸怀。十年来,水墨缘的朋友遍及上海,水墨缘的每一份成果都包含着艺术界、企业界及各界朋友给我们的鼓励和支持,在这里一并给予真诚的感谢。

十年,一个吉祥的数字,一个圆满的周期。从水墨缘师生展到水墨缘工作室是一次成功的起飞。

十年,从年逾花甲到古稀之年,是又一次人生的跨越,我的感慨之深难以言表。说是退休,却闲不下来。星期三老哥老姐们的促膝品茗,游戏水墨;周末与新老学生同乐,写生辅导,空余时大家一同策划展览、编辑画刊……每当做成一个展览,编完一期画刊,出版一本画册,搞完一次活动,伴随而至的快乐和充实是无与伦比的。我不是一个置身艺海、期望千秋垂名、使命感强劲、有着远大目标的艺术家,但我是一个水墨画家,我执着于自己的审美理念和艺术天地,乐在其中。我庆幸此生与水墨结缘并成为一名教师,成就了和学生、朋友们的水墨情缘。多少年来,我认定一个道理,只要你勤奋努力地做事,真诚地与人相处相待,真情实"缘"时时就在你的身旁。

新的十年,我期待,我相信,我们的水墨缘工作室、我们的水墨之缘,终将"缘缘流长"。

本文原载张培础主编:《水墨缘十年》,江西美术出版社2013年版。

速写与我

张培础

因为感悟速写，才会感恩速写。我真正意义上认识绘画跨入绘画大门是从速写开始的。童年时代涂鸦的天性令我对画画产生浓烈的兴趣。但直到14岁高一时期加入了大同中学美工组方始入门。美工组是在一位不久前从行知艺专毕业的张文祺老师带领下成立的。张老师年轻、干练、事业心强，作为基础训练，为提高造型能力，他非常重视速写，他规定凡是美工组成员，每天必须完成20幅速写。每周活动时要点数，几次没有完成就要被清除出组。在此压力下，大家都勤奋地画起了速写。想当初画得辛苦，画得用功，最后也画得开心，画得上瘾。奇迹也出现了，短短的几个月到一年内，我的造型能力得到了飞速的提高，这也极大地增强了我的自信心，促使我更加努力地画速写。中学生每天的课程繁多，还有不少的作业要做。我基本利用课间的休息、午休或放学回家后画，学校的同学、老师、家人，学校对面蓬莱公园的游客、老人、孩子等都是我的速写模特，我也画一些风景，如树木、房子等。美工组还参加学校的社团活动。记得学生演出队排练小话剧《五封信》时，我们美工组同学还在后台给他们画速写、肖像。为配合当时的政治形势，还下工厂劳动、画壁画等。这已是近半个世纪前的事了，回想当年还记忆犹新，感慨不已。速写的热情就是这样被煽动起来的，速写的习惯就是这样被养成的。一年多之后的1960年夏天，我凭借较强的造型能力、速写和素描基础，高二年级结束就提前免试保送入上海美专本科中国画系，正式成为高等艺术院校的一名学生，自然欣喜万分。速写习惯一旦养成，也是本性难移，在我随后几十年的人生旅途和从艺经历中，多少充满些许曲折。五年制的本科国画系，念完两年就因政治形势需要应征入伍。6年的军旅生活，复员后10年的航道水手经历，28年的教师生涯，在学习、工作、教学、艺术创作的同时，速写像一根无形的纽带串联起我的艺术人生，成为艺术意义上的终身伴侣，它见证了我在艺术上奋进的每一个步伐。在进入专业教师队伍之前，作为一名业余的美术爱好者，速写满足了我画画的强烈欲望，延续了我一以贯之的艺术梦想。工作之余，甚至上班间隙时间，画上几幅速写，于我是一种娱乐、一种享受，更何况从中得益匪浅。观察生活、收集素材、训练造型能力、提高审美情趣，我从速写的过程中，加深了对绘画中种种理念的感悟，并切实地体现在我各时期的美术创作中。

真正热爱绘画、热爱生活的人，面对生活，无论悲喜，自然会从中享受作画过程的快乐。18岁那年，父亲临终的顷刻之间，我猛然想到了司徒乔为鲁迅先生遗容的速写，我竟然在母亲、弟妹的悲泣中，画下父亲最后的遗容。我曾在海军医院的太平间为去世而无照片的战友画肖像，甚至站岗放哨还偷偷地带上速写本在月光下速写。当兵后期我曾是一名团部电影放映员，有一次接受了一项去边远连队放录音

1983年，新疆塔干库尔干采风

1983年，新疆塔干库尔干采风

1971年，山西大寨，为夏予冰先生速写

1962年，父亲临终速写遗像

1957年，最早的速写《母亲在洗衣》

1986年，西双版纳速写

的任务。我带上速写本，提上当时沉重的录音机，不要派车，甘愿走十多公里的山路去连队。一路上饱览群峰、树林和大海景色，并一路画去。席地而坐，吸一口香烟，画几根线条，海风吹来咸湿的鱼腥，山林野鸟在身边飞舞，40年前的场景至今历历在目，这才是享受生活。我也曾在戏剧学院任教期间带学生赴西双版纳写生。酷暑的中午，学生均已午睡，我独自脱下长裤，手提鞋子、画夹，淌过小河上对面的小岛，为了那两棵巍峨的大树。在新疆塔什库尔干的冰天雪地，没电、缺水，20多天没脱袜子、内衣，没洗澡，晚上在烛光下整理速写。回到上海，满身的虱子而我却毫无知觉……我并非自夸勤奋努力，只是想表达作为一个艺术家在面对生活、对象时自然而然产生的激情和本能冲动。这是一种无形的精神动力，是你沉浸艺术海洋时的强大精神支柱。

喜欢文学的人会有写日记的习惯，既记录了生活和感慨，天长地久更练就了文字功底。画家的速写也一样，悠悠岁月的速写积累，练就了一手"功夫之外"，速写本浓缩了你在艺术奋斗中艰辛的历程。我常常在无意中打开尘封多年的速写本，犹如开启一瓶陈年的老酒，醇香扑面，会陷入一段逝去岁月的回忆中。重温画面，禁不住浮想联翩，是画面内容引发的某种感动，也可能是重新认识绘画的某种感悟。陈年的速写是一份生活的备忘录，一份记录关联时代与画家的艺术档案：学画伊始的咿呀学步，学生时代的青春脚步，大兵生活的金戈铁马，工人阶级的豪情壮志，采风边关的风餐露宿。被感动的场景、人物、事件点滴成流，化作图画串联起我的艺术人生。每当整理速写时，我常会几个小时沉浸在往事的怀恋之中感慨万千。速写课上我也时常会带上一卷速写，作为课堂示范和讲解案例。一张张画引出一段段插曲、一则则趣闻、一个个故事，在同学们的感叹和笑声中激发了他们对生活的向往，速写的热情和兴趣。这种感染与其说来自速写的表现技巧，还不如说产生于作品中饱含的生活内涵和生命意义。这种真实、贴切地包容艺术和生活的审美经验，正是速写独具的魅力。这无论对观者还是画家自身都无疑是一种美好的精神享受。

速写在初学时期往往注意力在人物、对象的造型方面为多，准不准、像不像，结构有什么问题，衣纹怎么画，似乎是个技巧问题。其实不然，除了技巧，还是个观察、认识的问题。时常会形准了，人像了，但画得刻板了，拘谨了，缺少生气。也有形并不太准，也不太像，可姿态生动、活泼，充满生活气息。两者比较，我更看重后者。因为它抓住了本质的东西，表现了画面整体的神韵。不似之似是绘画的至高境界。速写的观察最忌讳老盯着局部死抠，忘了整体，眼睛观察时要有主要的观点，但同时要用余光和周围上下左右比较来确定这一点位置的准确性，考虑用什么笔法和周围的关系协调，要画到这里看到那里，画着上面想到下面。特别是动态速写，要上下左右齐看,来确定各部分的位置和关系,不要光从一点只看它和下一点间的结构关系,更要想到这一段与下一段的关系。这就是一个观察方法的问题。在教学中还常发现学生画速写,看起来总是简单、草率,即使画得不错也显得单调。这涉及一个画面组织处理能力的问题。我画速写时经常注意画面的完整,主体的人物和周围环境、道具的关系。摄影家需要在拍摄之前安排好人物道具、光线的整体关系,选择最佳角度,一切就绪,再按快门。画画和摄影不同,作者完全可以调动周围的各种场景道具,在作画过程中甚至任意调动对象、道具的位置,尽可能调整画面来为自己服务,可以动笔画前考虑一下画面的安排、背景的处理,也可以画完主体后按需要添加背景,旁边的、周围的、远处的,自编自造都可以。只要能丰富画面,构图完整都可以。要考虑画面的虚实关系、空间关系、主次关系,加强画面效果。有机会多画些场景速写、场面速写、多人的组合速写。经过长期的训练培养,提高画面完整的处理能力,对今后的创作是大有好处的。

回顾自己40余年的从艺岁月,速写是我叩开艺术之门的敲门砖。速写练就的造型能力帮助我在素描学习上取得快速的进步,速写帮助我在学习中国人物画时加深了对线条造型的理解和对用笔的感悟。更深层潜在的是对绘画艺术的理解。这种时间和量化的积累,演化为全方面审美元素的积淀,无疑是一种无法取代的艺术修炼,这就是我对速写的感悟。回到序言的最后,我发自内心地涌动我的真情告白:感恩速写。

1983年,新疆喀什速写

1983年,新疆草原速写

1998年,出访澳大利亚珀斯艺术学院作人体速写

本文原载张培础:《张培础速写》,上海人民美术出版社2007年版。

张培础：画身边的人是一种挑战

黄伟明

2009年，《勇士》作品写生原型战士

2014年，为学生写生示范

与张培础老师长久不见，前些天恰好在微信上看到了他的好友申请，我颇有些意外，于是向他发了条微信调侃道："张老师也玩前卫？"想不到张老师幽默回复："老朽了，总想向年轻人学习学习，玩玩微信也算是与时俱进嘛！"春节前，我借本报书画善会会员采访之际，在他的工作室见到了他，精神越发地好，和我握手很有力道，走起路来轻快得像年轻人一样，而他越活越年轻的秘诀在之后的聊天中我似乎找到了答案。

"创作"——要画就画不一样的感觉

如今，张老师已经退休十多年，画笔却始终未停过，即使是还在上海大学美术学院担任副院长的时候，他也在选择工作的时候以自己不能放弃也能作画为前提，他坦言："我其实就是想画画，不想'当官'。"张老师就是爱创作，不是为出名，也不是为牟利，纯粹是自己喜欢创作。他说，其实运动也在其中。

一谈到国画，平时话不多的张老师就打开了话匣子。在画中，擅长人物的国画艺术家很多，可是他的水墨人物却着实让人印象深刻。绝大多数国画艺术家更热衷于绘画古代人物，而他画的是身边的人，有工人、有知识人、有战士、有大学生，无论是表现题材还是绘画形式都非常现代，也很现实。当时我问及为什么喜欢画当代人物时，张老师说道："我以前就喜欢画现代人物，当兵时也爱为士兵画像，所以画了我身边许多工友、战友，因为这是我最了解的人；到了大学当老师，身边都是朝气蓬勃的大学生，于是又开始观察他们。既然生活于城市里，那就画身边的人。"应该说这些创作对象无不关系着张老师的人生经历，可以说他的人物画与生活紧密相关。他不愿拘泥于传统的古代人物题材，或是跟随画农村、少数民族的风潮，而是将画生活中的人作为一种挑战。张老师打了个比方说："城市题材难画，就好比山水画里山易于水那样，山的全貌易画，而水却很难。同样是老人，农村里满脸皱纹的沧桑脸易画，但城市里邻居家的普通老人要画出特征反而难。"

除了题材，张老师的国画还在用色和技巧上不断研发、创新，因为"墨守成规的和谐无法让人眼前一亮"。他不会被传统画法的定势拘束，他独特地使用水粉颜料来丰富水墨的色彩，西画素描手法中光感的表现原理，他在国画水墨中照样表现出完美的一面。更重要的是，他不求将新手法借来就用，而是通过自己的不断摸索、改进，将厚重的水粉色画出透明感、透视感，用光感减少国画的平面化，用这些新手段、新技法更自然地表现生活中的人物，而最终全部化成国画语言来表现出大写意的感觉。

"情谊"——师生共谱写一段"水墨缘"

去年12月,张老师和学生们创建的"水墨缘国画工作室"举办了一场颇具纪念意义的展出。简单的名称"水墨缘十年",却展现出绝不简单的情谊。

如今,"水墨缘"已然形成了一个品牌,而工作室的成立却是源自十年前的一场师生展。2004年1月7日,恰逢张老师60寿庆,于是他的学生们想在此前为他策划一场大型的庆生活动,而一向低调的他不喜欢大张旗鼓,于是最终变成了师生画展的形式。在为这场展出命名时,"水墨缘"三个字一出就得到了一致的认可。因为无论是张老师与他所有学生之间,还是学生同辈之间,其实都是以水墨为缘,相聚到一起的。

展后不久,张老师并未在学院留任,为了有更多时间画画他按时退休了。于是他在一帮学生们的强烈建议下创建了专业工作室,取名"水墨缘"。"其实最早他们希望成立'张培础工作室',我不同意。将来学生混出头了,会好意思退出吗?我建立工作室只是想给他们提供一个交流平台,因为很多大学生毕业后都会在新环境里感到孤独,他们可以到这里交流、切磋、聊天,能开心就好。"他轻描淡写地说着,"有些'好苗子'毕业后未必去了能画国画的地方,但我实在觉得放弃可惜,就把他们叫来,布置'作业',给他们点'压力'。几次展出以后,他们就有了自信,也有了归属感。"

上海大学美术学院院长汪大伟曾对他说过:"学校做不到的你们都做到了、做好了,所做的等于是在介绍美院的'产品'啊!以后美院的牌子你直接拿出去用好了。"水墨缘工作室成立十年,不注册也不收会费,但却更自由、宽松。学生们毕业就业后,学院师生之间的深厚感情和凝聚力就在"水墨缘"中继续传承着。

"七老"——从不放假的相约星期三

春节前结束的"水墨缘十年"在展出时,七幅2.4米高、0.62米宽的水墨人物像引起了所有参观者的关注,而当画中人——张培础、王劼音、丁荣魁、凌启宁、罗步臻、陈谷长、奚阿兴,分别站到自己画像旁时,大家都被画的神似给惊呆了。如此难得的画面引得所有人举起相机"咔嚓"个不停,却反而没人敢上前合照,做那个多余的"第八人"了。

他们七位是张老师工作室的一个特别团体——"水墨缘七老",既是七个人,又都已是"古来稀"了。这七幅画的创作很有意思,人物都是张老师来画,他凭着对好友们的了解,抓住了每个人的神韵;每幅画的背景则由每个人将自己最拿手的、具有标志性的特色画上去。七幅画无不透出"七老"之间的熟稔和亲近。实际上,他

2016年,为家人写生肖像

2013年,"水墨缘七老"展出时七老和作品合影

2013年,"水墨缘七老"创作时场景

们每周三都会相聚工作室，一起作画、聊天，将"水墨星期三"活动从2005年起坚持至今，已有八个年头了。张老师向我笑谈道："他们几个来得起劲，天天盼着星期三，还叫着'不要放假，不要放假'。"我想无论是朋友相聚还是画技切磋，这都是"七老"每周一次最快乐的活动吧！

"七老"中，王劼音、丁荣魁、凌启宁、奚阿兴都是油画家，而国画家都自称是半路出家者，因此他们画国画喜欢张贴在墙上、喜欢竖着画画，颇有中西结合的味道。他们在练习水墨时，还戏称张老师、罗步臻、陈谷长是"博导"，而他们是"博士生"。相反的，其实他们反过来也给张老师他们三个国画行家很多启发，在谈天说地时，一些观念、想法都在无形中相互影响。他们每个人都保持着自己的思维方式，不断借鉴对方，却也不会被牵着走。或许正是一次次在不同风格之间碰撞中的吸收和探索，才让"七老"如此热衷"水墨缘星期三"吧！

2016年，为写生班学生作肖像示范

本文原载《新民晚报》2月8日2014年版。

张培础和他的水墨缘

王小鹰

偶然的机会，一个周末的上午，有幸造访了张培础先生主持的"水墨缘国画工作室"，不觉让人欣慰而额手称庆：在我们这座高楼林立、喧嚣繁华的现代化大都市一隅，竟还能寻觅到这么一处艺术的世外桃源！

也许，用艺术沙龙来称呼它更合适，因为这里的一切都呈自然形态。张培础先生从上大美院院长任上退休了，可是他的众多学生还想继续跟他学画。于是，张先生就租了一套房子，学生上门求教，可以有个画画的地方。目的就是这么简单。

客厅并不宽敞，约莫30余平方米，几十只简单的颜料推车一支，还要留出一块儿模特摆POSE的位置，甚至有点拥挤。可是来这里作画的人却不这么觉得，他们说：作画时的心灵是最自由宽敞的。

2007年，作家王小鹰出席"水墨缘"年会

有两个学生模样的女孩，听说都是上大美院一、二年级的学生，我有点诧异地问她们："你们学校里有水墨人体写生课，为什么还要在休息天来这里画画？"她们回答："学校里的水墨人体写生课最多一两周时间，远远学不完，而张先生的水墨人体写生最是不落窠臼、别有新法，我们怎么能放弃这么好的学习机会呢？"

颇有意味的是，来张培础先生水墨缘国画工作室画人体写生的并不全是他的学生，更多的是一些社会成功人士、精英阶层，比如武警中校、公司老板、银行职员、大学教师、报社记者、海归人士和几位著名老画家的后辈……他们大部分人都已经有了一定的美术基础，有的在单位里就是从事美术工作的，有的人在市场上还有很叫得响的作品。他们平时工作一定很繁重，可他们却宁愿放弃周末的休息，放弃其他交际活动，赶到水墨缘工作室来，静静地画画。

2006年，"水墨缘"写生班在作水墨人物写生

问他们为什么？回答说没有目的，来玩玩。看他们作画时的那份认真和投入，真觉得他们并不只是"玩玩"的，所以这个"玩"字值得细细分析，此"玩"非常人之"玩"，艺术家只是用"玩"字来表达他们恬淡平和的心境。我是这样来理解他们的：休息天，有人玩麻将，有人玩电脑，有人玩股票，有人游山玩水，而他们到这里玩画画，这画画是毫无功利之欲的，只是心灵的渴求，审美的娱乐。

画室里挤得满满腾腾的，却十分宁静，每个人都心无旁骛地进入创作的至高境界。我发现一个有趣的现象，面对同一个模特儿写生，各人作出的画作却异人异貌、气象万千。张培础先生对这一现象感到十分兴奋，他说："写生是对对象了解探究的过程，是从了解外部形状逐渐走向了解内心的过程。在纸上显现出来的人物已经不是模特本人，而是通过你的审美、你的认识、你的技巧创造出的全新人物了。画画，最终是画人的心灵、人的生命。"

2009年，中国画院张培础工作室学员创作讲评

张培础先生虽然主张笔墨率性随心，他的当代都市水墨人物画却并非画者的主观臆想。在经历过20世纪70年代著名的《闪光》等一系列讴歌理想、讴歌英雄的

主题性创作，八九十年代南疆、云南、甘南等地的游历采风以及高校教育的实际主持之后，他的作品日渐回归笔墨本体的探究，作品也趋向随意、自然、宁静、祥和。

"他平心静气地研究人物画的水墨语言，用自己的实践探究着写意水墨人物的空间到底有多大"——传统笔墨在他的手中具备了更宽泛更深入的功能，笔墨不仅仅是他描摹对象的工具，笔墨本身具有了生命，具有了精神。"笔的枯湿浓淡、搦管运腕时的疾徐提按都将在纸上留下各异的情感迹痕"，"毛笔在宣纸上碰触时的状态，是一种包含生命的舞蹈。"于是，他描摹对象，不再拘泥于外形的精确无误，不再着眼于细节的一丝不苟。他尝试以灵性的笔墨直接烘托出对象的精神世界，正如他自己坦言："艺术从来就是人类生活中不可或缺的组成部分，让艺术追随时代、贴近生活是当代艺术家的重要课题和天职。作为一种追求，继承和发扬中国绘画的审美理念和笔墨精神，正是我力求区别传统题材、形式，探求当代都市水墨人画表现形式及个性绘画语言时，仍矗立于心的精神支柱。"

我想，正是这精神支柱，或者说艺术家的天性，为水墨缘国画工作室注入了生机勃勃的活力，也为上海的都市水墨人物创作带来了不断出新的无限前景吧。

2017年，在公园速写

2003年，"水墨缘"首展师生留影

本文原载《上海画报》2007年第8期。

张培础老师印象记
——季平、毛冬华、丁小真、白璎四人谈话录

文字整理：刘文涵、王雪冰、杨帅

一、季平老师访谈录

（一）在您的印象里，张培础老师在平日的生活里是一个怎样的人？

季平：一个好的老师是没有老师的架子的。张老师平日里并不把自己当老师、当教授，而是与大家都像朋友一样沟通交流，平等地对待每一个人。他不会因为你画得好就对你特别关注，因为你的水平不够就冷眼相待。作为他的学生，我们都很敬佩他，也正是因为张老师这样的为人，水墨缘如今才会像滚雪球一样越滚越大。

老师为人善良朴实，因为我与他儿子的年龄相仿，他就把我当作孩子一样对待。事实上，他把学生都当作自己的小孩看待。不管是在上海大学担任教授还是退休之后，多少年来对待我们始终如一。老师不是一个保守的人，在学生有什么画得不好的地方，他会直接讲出来，"你这样画是不对的"，直截了当地指导你，也不保留，并当面示范，让你很愿意接受他的批评与指正，也从中受到莫大的教益。"

2003年，学生为我作写生。左起：毛冬华、季平、丁小真、白璎

（二）张培础老师给您做过哪些方面的指导，让您最受触动的观念是什么？

季平：张老师的教学观念就是大家一起画画、一起学。他不像一些老师总是说"你跟我学就要跟我一样，你要听我的，学习我的风格，或者我把方法教给你，你就按照我说的去学习"之类的一些话。他的观念就是不用自己固有的方法、技巧、条条框框去限制学生，他希望每个人都有自己的风格、语言。老师经常说的一句话就是："你不要像我"。这句话很朴实，但也能反映出老师的一种观念。他的教学基本观念中，最基本的一点就是"你不要像我"，你要有所突破和长进。张老师总是从学生的角度考虑，根据不同个性特点去因材施教。他很能接受学生有自己的想法，并认为学生就该各自有自己的风格，应该不拘一格。我跟张老师学习了三四十年了，从早期当工人的时候就开始了。当时我在上海工人创作组，请张老师过来指导。当时画中国画，张老师一看我的画，就称赞我的这种形式挺有意思，他很乐意看到学生有自己的理解和看法。上海大学美术学院第一届研究生课程班，也是张老师把我们召集起来的。那是2000年左右。当时这个班的学生是已工作的人聚集起来的，都有一定年纪了，一直以来没放弃过画画，也很珍惜这样的学习机会。大家积极求学，而且各自都有一定的阅历和创作历练，互相探讨学习，又十分勤奋，现在在社会上也有一定的影响。我们在这个班上又受到张老师的很多教益，深刻体会到他重要的教学理念就是因材施教、教学相长。张老师也会非常谦逊地不耻下问，向我们学习，使班上的气氛总是十分愉悦和洽。

2015年，和季平在天津举办画展时接受人民网采访

2007年，拜望方增先老师

（三）您认为张培础老师作品的最大艺术魅力是什么？

季平：因为经济发展、艺术发展的影响，书画艺术也逐渐市场化。大家都在追求所谓的"新"和所谓的"突破"。但我们回过头来看看，有多少人能真正做到创新。其实我觉得艺术并不是创新的问题，而是每个人能不能找到自己艺术语言的问题，重要的是寻找到属于自己的艺术魅力和价值。坚持自己的语言，艺术形式就丰富，就有自己的鲜明特色。张老师的作品就是这样，他学习了老师方增先的画法并有所消化取舍，始终坚持有自己个性的写意人物，形成了自己的风格，坚持走自己的路，这才是真正的艺术家。去年在"水墨星期三"画展中，画的一幅七君子形象备受众人瞩目，他为上海大学的七位老师包括陈谷长、凌启宁等画了肖像，每个人的个性气质都跃然纸表，有种呼之欲出的效果。这幅作品引起了上海美协的关注并被收藏。张老师的画让人觉得很有意思，过目不忘，也确实代表了他的扎实的艺术水准和独特的艺术观念。他一如既往地坚持写生、写意。他明白自己是属于哪一类型的，知道自己的画法与别人有什么差异。张老师不去关注现在时兴什么画法，坚持自己的独有的风格，这个其实是很不容易的。

二、毛冬华老师访谈录

（一）在您的印象中，张培础老师在平日生活中是怎样的一个人？

毛冬华：在我印象中，张老师是一个肯为艺术而献身的人，而且他的这种对艺术的热情具有非常长的持久力，他平时做事非常有条理。纵观全局，我觉得张老师所有的热情以及他所做的事情都是围绕着一个词——中国画，他应该是把毕生的精力、热情都奉献给了中国画的发展事业。

（二）谈谈张培础老师对您的影响。

毛冬华：张老师和我的父亲是发小，从小一起学画画。张老师经常会和我谈起当年他和我父亲一起学画画的过程。虽然从一开始他们的兴趣爱好或者是最后他们所选择的中国画的发展道路都不尽相同，但是我觉得他们的友谊非常真诚。张老师在我的大学中做过我的系主任，我们有很多时间参与到他的"水墨缘"。张老师不仅是我们课堂上的老师，而且在接下来的20年里，张老师都是在默默扶持大家，为大家搭建一个好的平台。他为更多的致力于中国画创作的老师和年轻学子继续搭建良好的平台，让大家向前走，向上走。

（三）您认为张培础老师作品最大的艺术魅力是什么？

毛冬华：我觉得张老师最大的艺术魅力就是他的进取心和他不断地否定自己以

2013年，毛冬华主持"水墨缘十年"画展开幕

2013年，"水墨缘十年"画展展厅

2008年，"水墨缘"云南泸沽湖采风写生

及不断地要求自己、突破自己。在老一辈艺术家中，我认为张老师在这方面表现得特别突出。他的这种热情，这种对艺术的持久力都特别可贵，他在教授的过程中以及和同学们的交流中，始终保持着这种旺盛的创造力和生命力。这种进取心还表现在张老师和其他老艺术家的沟通中。他一方面积极地为年轻学子搭建好的平台，另一方面，他也为那些与他同龄的艺术家创造更多的机会，比如每个周三都会搞相应的活动，每一年都会有相应的展览。张老师一直都在默默地奉献着，他把他持久的热情与旺盛的创造力投入到自己的作品创作中，积极地尝试一些新的创作思路，为我们年轻的后辈人起到了很好的示范作用。

（四）在张培础老师的作品中，您印象最深刻的是哪一幅？为什么？

毛冬华：在我印象中最深刻的有两幅作品。第一幅是《闪光》。在我小时候我母亲和我说过，张老师的这幅《闪光》被印刷为一张大的海报，像广告牌一样，被张贴在一个十字路口，每天母亲上下班都会带着我路过那里，每次母亲都会和我说："宝贝快看，那幅画多美啊！"我就会伸长脖子探着小脑袋认真地去欣赏这幅作品。这幅作品整个构图是表现在一个暴风雨中为船舶指明方向的灯塔，上面有两个工人在灯塔上默默地看守着。我认为这个灯塔就像是一个目标，一个指引的方向。这张作品整体构图十分饱满，而且是在不稳中求稳，让我一直印象深刻。还有一幅作品是今年在上海大学美术学院年度展中展览的作品《哈雷王子》。这虽然是一幅人物画，但是张老师在这幅作品中人物造型的处理上，有笔墨融合在其中用来表现空间和造型，非常耐看，也非常服帖，表现了张老师用水墨语言来表达人物的造型以及空间和质地，是一幅极具挑战的作品，给我带来非常深刻的印象。

三、丁小真老师访谈录

（一）可以谈谈《闪光》最打动您的几点吗？

丁小真：关于《闪光》对吧！这是张培础老师的成名作，也是迄今为止最著名的代表作。我只是在一些印刷品上面看到过，大概在上世纪五六十年代创作的。《闪光》与时代是息息相关的。

（二）您对张老师从教多年的艺术教育观点有什么看法呢？

丁小真：张老师的教学理念一直格外开放包容。就我个人而言，从很早的时候，张老师一直对我是鼓励和肯定，如此对学生的成长是极其有益的。曾经我做过一个比喻，张老师从学院退休以后，凝聚起了"水墨缘"这样一个群体。每年参加张老师主持下的"水墨缘"的展览，感觉就像有一束耀眼的阳光和一块肥沃的土壤，让

2009年，和学生在"水墨缘"画室欢度春节

2008年，"水墨缘"云南泸沽湖摩梭人写生场景

2017年，在丁小真个展上

2001年,学生春节拜年于英中路寓所

2003年,"水墨缘"师生展部分画家于巨幅参展画家宣传照前

和白璎于"水墨缘"画展上

我们可以愉悦地成长。

（三）您对他印象较深的一件事是什么？对您有什么样的影响？

丁小真：大概在张老师退休以后，他组织了一个"水墨星期三"的活动，至今已经举办了好几次展览。我们学校的一些老教授，包括我的父亲在内的七位老先生都有参加。他们每逢周三都到张老师那里去画水墨画。也是无心插柳柳成荫。这件事对我而言，也觉得比较意外，因为父亲是画油画出身的。退休以后，正因为张老师组织了"水墨星期三"的活动，也让他对水墨画充满了兴趣，并小有成绩。这和张老师为大家搭建平台并持之以恒是分不开的。

（四）您所看到的生活中的张老师是怎样的？您觉得他是如何把日常生活渗透到他的艺术创作中的？

丁小真：生活中的张老师为人厚道，豁达大度，待人友善。也正是他温顺的性格和人格魅力才会吸引到那么多的簇拥者来到现在的水墨缘。每年的展览活动都是那么的热闹，长达数十年之久。生活中的他会非常地关心我们。因此在他的艺术创作中也会有社会上一些平易近人的题材。而作为一个老师，他退休后开办"水墨缘"，举办了多次展览，诞生了很多有特色的作品。他本人写生与创作兼具，创作了很多具有示范性的作品，也作为近年的一些代表作。曾经的他做过军人。在他的艺术创作中，军人题材也是一个重要的方面。性格细致的他在艺术创作中也会非常关注日常生活中的人，比方说他所画的摩托车骑手哈雷，就是生活中的一位平凡的模特。

四、白璎老师访谈录

（一）可以谈谈《闪光》最打动您的几点吗？

白璎：《闪光》是张老师的成名作，张老师完成这件作品的时候30岁还不到。从事水墨这一行的人都知道，水墨的技术难度超高，尤其是人物，不花个十年很难达到高水准的，且还必须要具备较高的天赋。从这点来看，张老师很不容易。要知道，张老师美校毕业后还当了好多年的兵，耽误了不少练习画画的时间。然而他始终没有放弃，笔耕不辍。

《闪光》这件作品完成于70年代初，具有这个时代作品典型的样式特点：造型精准，笔墨老练，设色概括饱满，S型均衡构图。这些张老师表达得均纯熟而到位，丝毫不逊色于同时代的其他优秀画家。抑或是因为有当过海军以及在航道局工作过的经历，张老师在《闪光》中对水的表现别有一功，敏感而细腻地刻画了水浪波涛的精彩瞬间。也正缘于此，当作品在全国广受好评之际，《闪光》这件作品还被中央美院国画系选中当作临本,被学生广为摹写,可见《闪光》这件作品当时在全国的影响力。

(二)那您对张老师从教多年的艺术教育观点有什么看法呢?

白璎:我觉得张老师的艺术教育观点实际上和他自己的作品风格特点是一脉相承的,即重视造型、重视笔墨,是一种依托扎实的笔头功夫来体现写意精神的这么一种理念。受惠于跟随张老师读研三年,为我日后的人物画创作打下了扎实的基本功。目前,沪上不少水墨人物画的中坚力量均是张老师的学生。我认为这种教育理念在当下学院的教育中是非常有必要的。当前沪上教学普遍存在轻功夫、重想法的教学倾向,这是值得商榷的,是一个有待探讨的严肃问题。近些年好功夫的青年画家寥寥无几,即是最好的印证。故张老师的重基本功的教育观点不仅要发扬,且要大力发扬。

2012年,水墨缘星期三沙龙在梦花源园林活动

(三)您对他印象较深的一件事是什么?这对您有什么样的影响?

白璎:印象较深的事有许多,这其中,办"水墨缘"尤为深刻。作为一个原先没有任何资助的民间绘画组织,"水墨缘"一路走来,张老师可谓亲历亲为,以师承为依托,把一批散于社会各领域的水墨画家聚拢在一起,写生创作。弹指一挥已有12年了,硕果累累,不少"水墨缘"成员在张老师悉心指导下进步显著,成绩斐然。不少作品入选全国美展,美术大展作者均为"水墨缘"成员,且社会影响力与日俱增,真可谓教学创作"双丰收"。作为"水墨缘"的成员之一,我获益匪浅,全国美展连续两次入选即是最好的印证。

2013年,学生为我祝贺70岁生日的宴会合影

(四)您所看到的生活中的张老师是怎样的?您觉得他是如何渗透到他的艺术创作中的?

白璎:张老师为人随和,乐于助人,乐于提携青年后生,不管在担任院领导时还是在退休之后,一以贯之。在艺术创作中,张老师一直很勤奋,佳作不断,且一直在做些新的尝试和探索,张老师没有故步自封,这种精神无疑是值得学习的。作为学生,期待张老师不断有新作品问世。

2015年,"水墨星期三"沙龙十周年画展上向上大美院赠送水墨长卷

长者·良师·楷模·典范

张培础

在乔木老师个展上和老师合影

国画系老同学给乔老拜年

2006年，乔老去世后惯例给师母拜年

年前，乔苏苏来电告知，95岁高龄的乔师母也随乔老仙逝，但告知时丧事早已料理完毕。令我等学生、弟子没能尽孝道，甚为憾事。

低调处世为人，乃乔老师及其家人一贯的作风。作为著名花鸟画家、上海大学美术学院教授的乔木老师在沪上画界的口碑人缘极佳，也因此赢得众多同道、学生、弟子的尊敬和爱戴。然而岁月无情，至今年5月，乔老师离我们而去已有十周年了。

每年春节大年初三，是上海美专国画系部分同学去乔老家拜年的日子，从60年代后期至今已有40多年的历史。从人民广场武胜路旧址到重庆南路、现在的田林新村，从无间断。即使乔老故世的十年里，也照常去给师母拜年，"一日为师，终身为父"的老古话，师母自然也包含在内。也许因我们是乔老早年的学生，享有特殊的礼遇，初三的家常午宴少不了我们。师生同席，喝着米酒、黄酒，特色的北方家乡风味菜，更有师母、师妹手工包的北方水饺，口味远胜平日宾馆的酒宴。话当年，说今朝，乔老风趣幽默的趣闻常引发一阵爆笑。光阴似箭，当年风华正茂的小伙，如今已届古稀之年，岁月的年轮无奈地刻上我们额头，能不感叹人世间的悲欢？

我求学于上海美专国画系，郑慕康、江寒汀、应野平、俞子才、乔木诸先生都是我的恩师，但先后于60、70、80年代离世。也许是因为乔老走得晚，自然最为密切的还数乔木老师。乔老是江寒汀老师的大弟子，早在1941年起就跟随江先生学艺，在江寒汀先生众多弟子中是最全面地继承了江先生艺术特色的江派衣钵传人。融陈白阳、华新罗、任伯年各家之长，功底深厚，翎毛、花卉、草虫、双钩填色、没骨写生，无所不能。墨色淋漓酣畅，笔法洒脱细腻，色彩华丽清雅、雅俗共赏，深得大众所喜爱，在江南影响深远。尤善花鸟画基础教学。江寒汀先生1963年过早地离世，门生、弟子自然投入乔老门下。乔老为人宽厚大度，个性爽朗，不设门户之见，不以权势面貌取人，凡真心求教，来者不拒，更亲如子女。自然门生众多，桃李满园。逢年过节，乔老寓所真可谓门庭若市，门铃不断，学生一批批上门拜望老师。还记得春光泻满画室，天竺嫣红，腊梅嫩黄，慈眉善目的乔老满面春风，笑声朗朗，此番景象无不令人动情。

2001年是乔老从艺60周年，学生提议筹备一个师生展以资祝贺，但此倡议却令乔老夜不能眠。因弟子众多，参展人员成为难题。最后乔老说，不能仅因艺事高下而择，如因此冷落展外的学生，实不忍心，就此作罢。最后还是乔老在上海中国画院举行乔木老师个人画展自贺。仅此可见乔老为人及对待学生的情义。

乔老从教40余年后退休，但名声在外，社会活动应接不暇。他的作品清幽高雅，为社会各界所仰慕，而学院也时因交流、交际礼品之需麻烦乔老。我曾作为学院领导及学生身份索求墨宝，当无奈地诉说因学校财务制度之故，无法以市场之标准酬劳给付而致歉时,乔老从无推脱,并对我说,为学校做点贡献是应该之事,甚至还悄悄地与我耳语:"哎!培础,我有钱,我拿点给学校好吗?"我忙摆手道,这怎么可以……这就是乔木老师。而乔老个人及家庭生活的简朴、淡泊却也令人肃然起敬。乔老的画室不大,画桌、方桌,几把椅子、书柜,墙上挂着乔老的几幅小品,清丽素雅、整洁温馨。乔老就在靠窗的画案作画,而座椅却是一把最普通的没有扶手的硬板木椅,更没有成套的家具和沙发。80年代后期以毛坯房入住田林新村,而当今习以为常的家庭装修直到乔老去世后方被提上日程。在乔老画案后的墙上,曾挂了一幅四尺整纸的"蔬果图"。上面题的小诗很有意思,不妨摘上:"吃亦素,穿亦布,吃素穿布,减少痛苦。"

宁静致远,澹泊明志。乔木老师算不上是一个声名显赫的大画家,也从不以名家自居。他不屑于虚幻耀眼的光环笼罩,或高高在上的自鸣清高。他就在人们触手可及的身旁,他平凡地生活在家人的饭桌上、同道朋友的画案前、学生的课桌旁,静心作画,潜心传艺,与世无争,其乐无穷。他的可贵之处就在于可敬可亲,在于谦和真诚。他永远是学生心中的长者、良师、楷模、典范。

2017年,国画系同学在二老去世后惯例去乔老家中聚会
左起:蔡筱明、丁彬芳、陈谷长、庄俊豪、张培础

本文原载上海书画院刊《上海书院》。

学生笔下的张培础老师

范钰林整理

2003年，为学生当模特

2003年，学生为我画像

感言：收到70余幅专门为我创作的肖像，作为我70岁画展的贺礼。学生们这份蕴含着浓浓深情与笔情墨趣的厚礼，怎能不为之动容！我将把它们装裱成三个大册页来珍藏，以留作温馨的纪念。谢谢你们，我亲爱的学生们。

——张培础，2014年12月15日。

感谢各位学生，70画展时大家给我作的肖像装裱成册，隆重地收藏了。全部挖裱工艺，外红木盒装。很满意。这是学生给我最珍贵的礼物。再次向大家致意。

——张培础，2015年12月9日。

（摘自张培础先生70岁画展期间"水墨缘"微信朋友圈的对话）

学生：回忆张老师在我后面看着我画，看着看着，干脆直接放笔直下，太爽了。张老师比足球场上教练更厉害，有时干脆跳到球场直接进球给你看，不佩服不行。

学生：张老师说能画画已经很高兴了，张老师一定是希望大家也能持久体验到画画带来的幸福感、快乐感！！感谢张老师！

学生：谢谢张老师，这张画还是在虹古路课程班时画的。那时在你授教的这个班里，是我们这些同学受益最大的，也是我的一个重要转折点。今天回想起来很是感恩。谢谢你张老师！愿你及家人永远平安健康！再次祝画展圆满成功！

学生："前半生的为人定论你后半世的福分。缘分不断，收获圆满。"张老师写得真好！

学生：张老师的写实能力还是佩服的！

学生：现在许多大学老师主要忙自己的事，对学生不负责任。像张老师退休后还为学生做了大量的事，真是凤毛麟角！

学生：学生的画展开幕只要请张老师，张老师一定会到现场支持晚辈。

学生：更敬佩的是张老师的为人！

学生：我在张老师处学画，学做人。

学生：哈哈哈，给张老师100个赞！

老师：各位师友好，很高兴退休后与大家在一起相处，画画高兴，和志趣相投的人一起画画更高兴。除了画家我不是其他的什么家，只是年长些，真心诚意地与大家分享我的经验心得和感悟，按我的价值观画画、待人、做事。你以心待人，也必得人心相报。多谢诸君诸生之赞言，其实不过是做人之道也。

2003年"水墨缘"首展前,学生为张培础画肖像写生。从左到右,从上到下:
张黎星、范奕彬、张渭人、周卫平、王恬、王瑛、周古天、毛小榆、季平、丁蓓莉、白璎、毛冬华

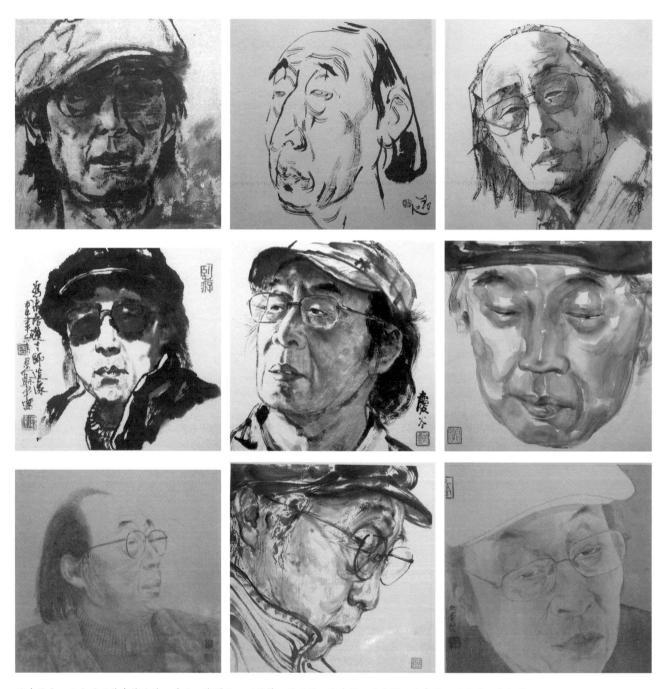

从左至右、从上至下作者依次为：季平、张渭人、丁筱芳、周卫平、郑庆谷、苏宗辉、毛宇佳、刁雅琳、徐旭峰

从左至右、从上至下作者依次为：李永锦、严平、魏志善、熊毅、白璎、鲍莺、丁小真、毛冬华、潘怡

从左至右、从上至下作者依次为：邵仄炯、薛俊华、王瑛、范奕彬、杨宁、王恬、石亦义、忻秉勇、罗履明

从左至右、从上至下作者依次为：朱平、刘献明、杨玲玲、刘芳、吴松君、沈影、孙怡健、单崢、王味之

从左至右、从上至下作者依次为：倪巍、崔彤、陈奇、张天浩

第三章　艺术观念

理性、感性及自我解读

张培础

理性、感性通常是指外界对事物本身所包含的某种特征个性推断的基点，或是人们对事物的观察角度和认知态度，及遇到问题时的思维倾向和处理方式。所谓"理性"，重客观规律，冷静、理智地分析各种因素及其之间的关系。而"感性"重主观意志，凭直觉、感觉、感情及经验之导向。那么作为画家，投身博大的艺术天地中，在不同艺术形式的感染下，早已自然而然不同程度地被纳入理性和感性的倾向之中，展现各自独特的艺术个性和艺术风貌。绘画艺术中，由于时代背景、艺术观念和表现形式的差别，始终存在着理性和感性各有侧重的自然属性和表现差异，有共存之处，又相互排斥，相对之下才显现各自属性差异。西洋绘画中，相对在表现内容和表现技巧上严谨理性的古典绘画，以强调个性解放和自我表现的后期印象主义、后现代、表现主义等就要感性得多。但后现代的抽象表现主义绘画中，冷抽象代表画家蒙德里安沉稳、理性、冷静、冷峻地注重画面形式构成、色彩的排列组合来组织画面，和热抽象代表人物康定斯基重视倾注个人情感、感性色彩的宣泄和流露相比，自然显得理性。如果说学院派素描是一种倾向客观理性的观察、研究的基础训练手段，它属下的速写却是一种培养瞬间直觉感受发挥和感性的纪实形式。在对传统的中西绘画理念的评价中，西画重客观写实，但中国画重主观意念的宏观定论已毫无异议。但中国画两大表现体系的工笔画和写意画的差异却代表了两种思维倾向。工笔画纤细、严密的线条勾勒、设色、章法和色彩构成，体现了它周密精微和严谨表现形式的理性思考。相比之下，水墨写意则透析出画家逸笔草草、气韵生动的个性流露。感性的即兴发挥，既是画家个人之意，也是表现对象之意。一个"意"字浓缩了画家师造化中的精神感悟。当然就水墨写意而言，也还有兼工带写、小写意、大写意之分，更有写实、抽象之别。个中理性、感性又各有所重。这一切既是个性的艺术追求，更是画家艺术天性的本质流露。它的形成，基于先天本性，也包含后天的养成。正是这种纷繁的交叉，差异和变化，才形成多元、灿烂、缤纷的艺术世界，犹如自然界的生态平衡。多元的风格倾向满足了包括画家自身在内各式人群个性化的审美需求。

画家个性及绘画形式中的理性、感性之别只是一种客观存在的艺术倾向，并无高低、贵贱之分，更无褒贬、优劣之分。画家自身的修养、素质、内涵及才气，勤奋功力上的高低深浅，自然会在他的作品中反映出来。西洋绘画中的大师级人物，文艺复兴时期的米开朗基罗，志向远大，一生艰辛，为艺术献身，对自己的艺术追求孜孜不倦、严格苛求，为人类留下宏伟巨制的西斯廷教堂天顶壁画及大卫像等经典雕塑作品，是一个受世人后辈无比敬仰的艺术大师。而后现代主义的荷兰画家梵高的一生传奇、困苦、潦倒，他超前的艺术感觉当时不被世人理解，全凭着对艺术

《水墨人体》 90cm×68cm 2008年

《水墨人体》 45cm×68cm 2005年

《奥地利雪》 45cm×48 cm 2011 年

《瑞士雪》 45cm×48 cm 2011 年

《瑞士雪》 45cm×48 cm 2011 年

的赤诚之心，忘我、冲动、激情地寻求心中的意象和内心的感受。尽管传世之作多为内容平凡、篇幅不大的风景和人物写生，但他的艺术精神及在绘画史上的崇高地位，永垂千秋。两位大师作品体现的个性倾向应该是一目了然的了。而在中国绘画史上，《清明上河图》以其精微、细致的描绘，匠心独具的布局和表现形式，为人们展现了北宋时期汴京平凡朴实、生动的生活场景。能想像画家张择端为画卷创作所付出的艰辛努力。从构思、构图、刻画、场景到表现形式，无一不显示画家天才、理性的艺术处理，无愧为国家级的艺术珍品。而明末清初八大山人朱耷的名字同样如雷贯耳。翻白眼的鹭鸟、飘零的残荷败叶、怪石嶙峋是他作品中的特色，更是他没落贵族的独特身世、经历的精神返照和宣泄，作品超越表象所蕴藏的表现理念和笔墨精神，已成为后世水墨画家永远的偶像。这也应是两种不同个性艺术倾向的中国画大师。

常言道"文如其人"，说的是从一篇文章的思想、内容、形式、语言、文笔等处可窥测作者的修养和个性。同样的比喻，"画也如其人"。凭笔者多年观察感受，画家中重理性者和重感性者在思想、观念、心态、性格、性情及待人接物、嗜好中的共性和差异是不言而喻的，都能从他们作品的艺术主张和艺术风格中得到解读。如表现理念上重观念、重技巧、重内容、重形式、重思想、重艺术；表现形式上的写实、变形、淡雅、浓烈、细腻、粗犷；表现手法上的飘逸、稚拙、狂放、精微、张扬、含蓄；表现效果上的质朴、富丽、空灵、凝重……这是由先天的本性加以后天的养成所决定的。任何形式组合的得体，是由你恰如其分地将自己的个性、理念、能力、擅长和它接上轨。所以确立自己的艺术个性，追寻喜欢的表现对象，追寻适合自己个性的表现形式、手法，还得先从解读自我起步，各人头上一片天，顺其自然，方能自然天成，空间无限。

解读自我，平心而论，似乎更侧重感性之类，自然地选择了水墨写意。从45年前接触中国画伊始，就对水墨有一种天然的钟爱，水的舒展、柔动，墨的深邃、浑雄及水墨交融渗化的无穷变化，常引发与身俱来的快感。尽管此前几十年的学习、思考、研究、实践是理性支配下的知识和经验积淀，但我并不迷恋因循守旧的模式、套路、笔法和规矩，我敬仰和崇尚的是传统中国水墨绘画的笔墨精神。在自以为某种程度理解了中国画笔墨理念的基础上，我主张水墨写意、水墨写生甚至水墨创作不必起稿，以展现画家我行我素的自由个性和水墨天趣，感性的直接抒写，挥洒笔墨，使毫无修饰、束缚、干扰、自然的笔墨个性发挥得以淋漓尽致，能使线条、墨色及其变化所呈现的抽象美到达极致。为此我常告诫自己，排除过多的理性思考，尊重自然生发的瞬间闪念，凭直觉、感受、经验，落笔无悔地顺势而下。过多的思考容易陷入陈规的纠缠和束缚之中，犹豫不决，无从下手。我常常随情绪或对象的感受，油然而生节奏、律动，去引领笔墨流向，随机自由调动笔墨语言手段，调整充实即时的水墨图像，有时感性的瞬间闪念正是你多年理性积累对画面艺术处理最个性化的直觉反应。可能是灵光一现的创意，也可能是不成熟的尝试。即便失败，胜败乃兵家常事，能体悟作画状态气势通达之境、气韵生动之意，亦不失为自得其乐。这是我对笔墨形式意味的探求认识，是我对笔墨审美品味的精神认识。我们时常感觉到同道画友间相互津津乐道、兴趣盎然、灵犀相通的，不正是这种说不清、道不明的意韵、意味感受吗？艺术作品不仅仅是传递情节、造型的图像之美，更是感受蕴含于画面之中，体现画家个性、内涵的意象之美。"传神"之说可谓是中国画的最高境界，意象之美正是它的核心组成和审美亮点。

既然是个性所使，加之年过花甲后的认识转换，时至今日，我对绘画的主题、内涵、意境、哲理等已失去兴趣，也不很在意合理的布局、完美的构成。除了对中国绘画精神、意象之美的膜拜和探求，感受作画过程的快乐和烦恼远胜于作品本身成功或失败的结果。喜欢沉醉在笔墨交叠、水墨交融变化的乐趣之中，也常陷入一时浮躁的心态导致失误的烦恼之中，时为造型的熟练而沾沾自喜，更为造型的束缚而苦恼不已。快乐与烦恼仅咫尺之遥，却常常是难以跨越。快乐与烦恼是孪生兄弟，相伴一生，甘苦与共又缺一不可。承蒙上苍的恩赐，得以一生结缘水墨，钟爱水墨一生，享受水墨给予的快乐。忆起儿时的梦，画画是多么地快乐。如今的我只想摆脱更多的理性，感性而快乐地画画。

《T台》 68cm×68cm 2005年

《湖畔》 68cm×136cm 2005年

本文原载2006年《水墨缘》画刊。

"水墨边缘"的缘起和思考

张培础

2012年,梦花源活动,"水墨星期三"笔会

"水墨缘星期三"沙龙活动

"水墨缘七老"创作场景

在2006年"影像上海"水墨缘年展上,几位特邀油画家的水墨画引起了观众和专家的兴趣。正因为他们独具特色的水墨作品在国画作品中显得特立独行、情趣盎然,才引伸出今天的这个水墨边缘画展。

一年半前,王劼音、凌启宁、奚阿兴、丁荣魁几位老同学、老朋友说想来我们工作室玩水墨,我自然倍感荣幸。这一玩大家就上了瘾。良好的心态至关重要,无所顾忌,平心静气地涂涂抹抹玩弄水墨,我们聊天、聚餐、畅叙人生、哲理、艺坛往事。也许是中国人潜在的基因,中国水墨对艺术家总是有着一丝割不断的情结,不愧都是教授级的人物,上手不久就一个个像模像样起来。一年多来,积存的作品开个展览是绰绰有余了。而我和另两位中国画同道陪读久了,也都得益匪浅,长了不少见识,最大的收获来自由此而引发的思考。

水墨是绘画中空间无限的一种表现形式,它以材料命名,并不限制作品的观念、特征和技法。本无法以大画种的尺度去界定,但在中国,水墨却含有特殊的民族属性和绘画特征。中国画特有的工具——毛笔、墨色、宣纸,一上手,笔痕、墨韵、渗化,这些独特的效果,自然地引领着你的视觉感受朝中国水墨的模式靠拢。但深究其中,发现他们的水墨画在表现理念、绘画语言和笔墨内涵上,确与中国画的潜规则有着质的差别。

他们对中国绘画传统的认识更注重宏观的精神理念,善于从中国绘画整体的精、气、神中去感受和发掘,避开某些程式化的笔墨技法和细枝末节,以固有的艺术个性和观念去统领水墨才智,去寻求和审美体验相通的交叉点。他们追求单纯、简洁、明快,从外在的、新颖的水墨构成去通达精神内涵的意念。它确是一种新颖的既带有中国水墨特征,又衔接其他艺术表现手段、样式、语言乃至观念的图式。似乎是两种表现形式融入观念后的交叉。相交的边缘之内各是一座围城。城里人待久了总想跃出领地,而渐入边缘,边缘地带有新鲜空气但又不是险地,一失足而成千古恨。这种感受使边缘充满了刺激,激发了艺术家的探索和斗志,方能开拓一片新的领域。当撇开画种特征的界限,新颖美好又包含底蕴的视觉感受对于任何水到渠成的艺术家都是一种通用的审美经验。工具、材料、理念、手段的交融,创造了新的审美元素。对于陷入审美疲劳的艺术家和观众,无疑是一种审美享受的新体验。

从中我能感觉到绘画的多元倾向正逐渐在模糊画种的边缘界线,但还不至于到融化的地步。绘画世界和现实世界依然同步,民族的特性和传统仍需发扬,单一的艺术理念和表现手段也将把艺术引入死胡同。站在中国画家的立场上,仅以中国绘画传统的笔墨而言,墨的枯湿、浓淡,笔的抑扬、顿挫,运笔的轻、重、徐、疾中包含着多少变化多端的视觉空间和意念体味。摆脱了造型、内容的束缚,点线面的笔墨构成是一种独具内涵、奥妙无穷的抽象表现元素。如何发挥它固有的特质，吸收其他艺术领域的精华，融入当代的理念去创造新的视觉模式、图式，去满足当代人的视觉感受，这是一个巨大的表现空间，这应是当今中国画家的使命。

当我们站在围城的边缘地带，感受着身处边缘的刺激与向往，享受伴随的乐趣，但我们都不会跨出。因为我相信今天的边缘不是永恒的，它终究会扩张并延伸。新的边缘将面对着后人，去激发新的创意。我不敢说边缘是否有一天会真正的消融，但我想说：边缘的消融是可怕的。愿艺术的边缘永恒。

2015年，"水墨星期三"沙龙十周年画展在上大美院美术馆举办时嘉宾留影

水墨随想四则

张培础

《水墨人体》 速写 45cm×45cm 2017年

《水墨人体》 速写 45cm×45cm 2017年

笔墨的精神审美

从我的画风中应当看出,我不能算是传统中国画的卫道士。但凭着40余年学艺、从艺实践的感悟,传统笔墨精神所蕴涵的那种深沉的审美理念,不由使我心生崇敬。中国书画中笔墨的本体形态乃历经千年的锤炼积淀而自然凝成,排除它在表现对象中作为表现形式的造型手段功能之外,它所透析的内涵及形式美、抽象美、意象美,只能体悟而无以言表。是否可以说这正是宏观的传统东方文化哲思和美学理念在中国绘画艺术上的一种观照,已成为中国绘画艺术传统的魂魄所在,而在艺术市场上它是价值观的一种尺度。我所认识的笔墨审美应当是跨越时空的双重感受。无论是运笔过程中心境、灵感、气韵、韵律、手势、节奏、速度在瞬间对画家心灵感动的精神享受和运动美感,还是落墨于纸上因墨色枯湿浓淡之变幻,一点一线一面而产生的飘逸、洒脱、灵秀或苍劲、稚拙、雄浑的痕迹美,都将画家自身和观者引入忘我的境地。也许"笔墨等于零"论者及圈外之士谓之"皇帝的新衣",恰是圈内同仁孜孜以求的意蕴所得。笔墨术语中笔性、笔意、笔情之精微、墨韵、墨气、墨趣之魅力,正是中国画精神审美的最高境界。尽管它是通过画面的形式、造型、内容诸图式来传递的,却又超越了它们而独立成为一种精神气息的审美享受。作为一种追求,正是我试图在摆脱传统题材、手法,表现现代城市水墨人物中仍然期望融入并表叙的一种笔墨精神。

观念和基本功

在当今多元艺术思潮影响下,忽视绘画基本功的现象甚为普遍,常以观念和形式的创新作掩盖来排斥或轻视基本训练、技巧、笔墨。这反映了当代部分艺术青年彷徨浮躁的心态。其实,再具创意的绘画形式也终究由笔墨工具的表现构成,形式感本就是画家艺术素养、功力在审美形态上的综合体现。而观念一词本非绘画的专用名词,可能更适合文字和语言表达。既然用绘画形式来表述观念,而又排斥具有绘画性功能的笔墨、技巧来构成,岂不多此一举?艺术价值何在?找个不敬的比喻,农民画和儿童画充满淳朴、憨厚、稚拙、自然的天趣,引得无数感叹和追捧,但溢美之词再多,终究只是农民和儿童的戏作而已,上不了博物馆、美术馆的典藏厅堂,艺术品价值的含金量总有法定的准则——艺术性。

实质上观念和技巧并无矛盾,犹如时装设计师的设计尽管奇特、荒诞、另类,但在面料的选用和制作的精良上决不会掉以轻心。正是后者的慎重,才衬托、显现并提升了作品的品质和价值。而艺术院校的艺术教学中就基础训练部分，用同样的比喻就是要因材施教，把学生织造成一匹上等质地的布料、丝绸或呢绒，练就一手精良的缝纫制作工艺。至于你用它去做长衫、旗袍还是西装、中山装甚至于奇装异服、比基尼、概念设计，但材质和制作工艺的价值底线是不容置疑的。回到绘画艺术中，现代的观念、新颖的创意和扎实功底的有机组合正是创造任何优秀艺术作品的根本保证。

素描的藏和露

中国人物画基础教学，除了笔墨传统，就是造型基础了。训练造型能力，少不了素描、速写，尽管有些观点把素描介入中国画视为异端，但多少年来艺术院校中国画系的入学考试或课程表上，素描从来不可或缺。其实中国画学习素描的目的，不在精通表现技巧，在于理解精神，不在笔墨仿照，在于融入理念。建国初期到"文革"期间的人物画显山露水的在人物形象中以毛笔仿照光阴结构，画中刻画素描关系只是"露锋"的初创期，而时至今日，在经历了多少艺术家实践探索之后，潜移默化的以笔墨精神融入表现手法，犹如中国书法中的"藏锋"，则到达此时无声胜有声的境界。我以为素描不仅仅是认识光影明暗的关系，更是认识对象及画面宏观调控中艺术处理的重要手段。与"文革"时期及50年代相比，当今不少人物画名家早已深谙其中奥秘，方能在个性化的人物和画面处理中含而不露，如鱼得水、游刃有余，而又有谁能否认他们曾经都是素描的高手？

水墨人物写生

中国画作为一门学科、专业，进入艺术院校不过是几十年的事情。如同西画般直立画板作水墨人物写生，相对传统的崇尚作画可谓一次革命，是前无古人的。中国画理念历来更重视主观情思意念的表达，排斥过分客观地模拟自然形态来描绘对象。"六法"在形神兼备中更强调传神。而今竖立画板作画，从观察方法到作画方式的改变，无疑对绘画的形式语言有重大的影响。如果说西画素描及油画写生中，直立作画的优点便于随时把画面和对象作对照，以光影、结构、构图的客观存在形态为准则的描绘是一种较为直接的模拟，那么水墨人物写生却要即刻把立体空间对象的上述形态以中国画特定的理念、语言、形式，如线条、墨色来塑造，则是一种瞬间的提炼和转换。写意人物画中造型和笔墨的融合已属不易，更何况上升到"神"

《水墨人体》速写 45cm×45cm 2017年

《水墨人体》速写 45cm×45cm 2017年

似的主观意象。而这种瞬间的提炼、转换和融合能力的综合体现正是中国人物画家应有的素质，缺乏造型能力的笔墨将成为无的放矢，失去笔墨韵味，内涵的薄弱使形象徒有其表。水墨写生正是上述关系磨合训练的重要手段。至于侧重造型还是侧重笔墨，造型中偏写实还是变形，笔墨中重线条还是重墨色……，正是体现画家自身对水墨艺术的感悟和个性发挥的亮点所在。我理解的水墨人物写生，理想的客体对象只是一种引发创作表现冲动的依据和参照物，进入状态的画家会在似有似无、可有可无的状态中观察并感受自然中的客体，生发画意以灵动而自然涌动的个性笔墨写出，表现的却是胸中的意念。这种将客体对象融入主观情思的激情，在本质上超越了表象的模拟，成为解读中国画审美理念的过程。

水墨人物写生终将结束仅仅被视为习作的境地而成为艺术作品，这正成为人们的共识。

《水墨头像写生》 68cm×68cm 2015年

《水墨头像写生》 45cm×45cm 2016年

本文原载《中国书道》2005年第2期。

感怀军旅生涯

张培础

人生的驿站时常交叉着漫长与短暂的旅途，时而弹指一挥间，数十年光阴，灰飞烟灭，飘然而过。也有时寥寥数载却回味隽永，恒久幽远。当年青人无忧无虑地生活在五彩的当下，品尝、享受时代、生命、生活的给予，我们这一代人却时常会迈入记忆、怀念的状态。

我是1962年入伍的老兵，军旅生活只是普通一兵短暂的六年，留存的记忆与往事平凡无奇。但于我本人却是举足轻重，甚而影响我的一生。军人、士兵，回想起我曾经的身份，常在心底涌上一丝莫名的温暖与感动。那个年代军营生活中，战友间真诚无私的情义，领导和同事兄长般的关怀、指导，军令如山、铁一般的纪律约束和风餐雨露勤奋刻苦的作风，时刻感染我的心灵。这种品格的养成、意志的磨练、价值观的形成以及人生的阅历，对一个刚满18岁，来自城市的青年的成长之路来得多么适时。更为之感叹的是，我的艺术生命是从军旅开始的，那里有我众多的第一次：第一次搞中国画创作，第一次入选全军三届美展，第一次荣获优秀奖项，第一次作品被中国美术馆收藏，第一次作品刊入画册、画报，第一次拿到了稿费……。这里是我梦想成真的地方，那时的我，仿佛驾着小船航行在浩瀚的大海，向着远方海平线驶去，天空阳光灿烂。我努力工作，勤奋学习，连年五好先进。我的航程充满欢乐的憧憬，但顷刻间乌云密布、电闪雷鸣，欢笑化作泪水。在那个特殊的年代，我不得不为家庭出身、成份而身陷苦海，最终无奈地放下画笔，离开了培育我六年的军营。往事如烟，漫漫人生终有坎坷不平时。征程由此出发，起步不再停留，即使是风风雨雨、磕磕碰碰，40多年的艺术旅程走到了今天，第一口奶的香醇依然回味无穷。

在部队，我不是专职的美术创作员，只是一名有美术特长的电影放映员，军旅画家中不少人会有同样的经历。作为战士，我感怀士兵生活的风采。我曾在电闪雷鸣、暴雨倾盆的深夜，为山顶的弹药库站岗。山顶炮位值班时在月光下速写山林夜色。还曾在去连队放映电影的山路上，卡车出轨，悬于峭壁公路边缘。因为没有照片开追悼会，奉命在医院太平间为死去的战友画肖像。也曾体验了海军捕鱼船在烟台海面遭遇的九级风浪。抑或浪漫地在海边、山头深醉于大海中金光灿烂的日出、日落……。而我军旅艺术生涯的起步更为平凡，画黑板报、布置连队荣誉室、制作幻灯片、书写标语牌、复制壁画、设计布置展览。穿插其中，我画速写，画战士、大海、大炮、军舰、山谷，这一切我都无比的投入和自得，倍感亲切和充实。无悔的青春片断时而伴随着我，岁月化作一笔人生的财富，铭刻心胸。舒适的生活让意志消沉，容易淡忘，磨难和艰险使你坚强和奋进。当有些人炫耀他物质财富的时候，他其实穷得只剩下钱了。

1962年，海边假日，和同校雕塑系入伍同学张致知一起

《射击训练》速写（一） 2000年

《射击训练》速写（二） 2000年

2000年，战友画家。
左起：陈辛一、张培础、吴彤章

我庆幸军旅生活塑造了我的质朴本色，平和的品性。意志的磨练养成了我追求严谨务实的工作态度，它融入了我的人生信念，转化为艺术理念，影响着我的艺术人生。我更欣慰地看到，它已在我工作室众多的学生身上得到拓展。从上兵、水手到教师，一路走来，我崇尚自然、平凡和真诚的人文精神，时至今日，更信奉以平和的心态和心境去对待生活，对待艺术。画平凡的人，画平凡的画，做平凡的事，做平凡的人。而这六年红色的记忆，将相伴我的一生。

1962年，入伍时上海美专国画系人物科同学合影。左起：庄俊豪、叶俊康、张培础、严国基、张迪平、董绍茂、范兴发

本文原载上海美协主办的《上海美术》2009年第4期。

同窗墨缘台湾展览序言

张培础

我感怀学画之初对艺术纯真而不求回报的痴情。承蒙上苍的恩赐得以结缘中国水墨，并一生与之为伴。学艺从艺40余载方顿悟笔性、笔意、笔情之精微，墨韵、墨气、墨趣之魅力。这将是我穷毕生之力的追求。

写意水墨人物画是中国人物画的一种艺术表现形式，集洒脱、豪爽、泼辣、高雅、清丽、灵秀于一体，以它深沉的笔墨精神内涵来抒发画家心中对艺术、人生的感悟，对自然、人类的赞叹。与某些注重写生、以模拟物象为宗旨的写实主义手法相比，中国的写意水墨人物画更重视画家主观意念的表现。这是中国绘画理念的重要特征。古代画论中有"形神兼备，以形写神"之说，形只是手段，神才是目的。而"神"也不仅仅以作品的主题、内容，人物的神情、神态、精神为唯一，更是某种包含了绘画形式、笔墨情趣、艺术修养、文化底蕴中意韵意象的精神审美传递。在当今科技发展、经济高速增长的新时代，艺术文化的多元化和创新意识已成为艺术家的共识，对传统艺术文化遗产更应注重传统精神内涵层面的继承发扬，不能老醉心于传统模式的观念、题材，徘徊于陈旧的形式技巧之中。艺术从来就是人类生活中不可或缺的组成部分，让艺术追随时代、贴近生活，是当代艺术家的重要课题和天职。作为一种追求，继承和发扬中国绘画的审美理念和笔墨精神，正是我力求区别传统题材、形式，探索当代都市水墨人物画表现形式及个性绘画语言时，仍然矗立于心中的精神支柱。

这次展览及画册中的作品大多为近年之作，其中不少作品为课堂教学中的写生示范。作为画家和教师的双重身份，我更看重后者。面对莘莘学子，我领悟到人生的意义和责任。更何况在解惑授业培养艺坛新人崛起的同时，我常感受着充满青春活力和艺术张力的学子们伴随时代脉搏跳动的震荡，使我在艺术的长青树上萌发新的枝条和片片绿叶。教师，无愧为阳光下最神圣的职业。

感谢台湾创价学会理事长林钊先生与诸位先生、小姐为我们画展来台湾展出所付出的辛勤劳动，希望画展对推动海峡两岸的艺术文化交流产生积极的影响。

2006年，开幕式上和嘉宾一起观展

2006年，两岸美术创作座谈会。
左起：张培础、陈谷长

2006年，同窗墨缘画展台北开幕式

本文为2005年笔者赴台湾举办画展时的自序。

我的水墨写意感言

张培础

2010年,"水墨缘"年展"窗里窗外"上接受采访

2003年,"水墨缘"师生展上和参展部分学生

1984年,和上大美院国画系专修班师生在绍兴采风

很高兴来参加这样关注及交流上海美术创作的会议。在我的印象中,美术界的领导、老中青艺术家,坐下来为上海美术创作的繁荣发展进行研讨交流,近年来并不多,常见的研讨会大多是某画家的个展或某群体的展览中才有。当前上海美术界呈现一派生气蓬勃的景象,各种类型、观念、形式,各种年龄层次的美术展览活动目不暇接,几乎天天都有,极大地丰富了上海市民和各阶层的精神文化生活。但如何保持这样的局面,总结美术创作成果,改进存在的不足之处,交流各自的创作心得,明确方向,这样的研讨交流是很有必要的。

岁月不饶人,我从上海美专入学,已整整55个年头,16岁的少年成了古稀老人,我的人生经历多种身份:士兵、工人、教师,还当过几年"官",但我从不曾放下手中的画笔,喜爱绘画是我一生的追求,从中我享受到了无穷的乐趣。然而我只是个画家、教师,说不出更多美术创作的理论,今天就以一个水墨画家的身份聊聊自己创作的感言吧。

我是个写意的中国画家,喜欢画人物。回顾几十年的历程,也创作过一作品,通常都与我的生活经历密切相关。当兵时画士兵的训练学习生活,当工人、水手时画航道工人、航标工人的生活场景,当教师时画学生、画室,退休了和老同学、老朋友在一起,也画起了他们。我喜欢画生活在我们周边的人,因为我熟悉他们,喜欢他们,了解他们,特别亲切。所以像我们画现实题材写实手法的画家,关注生活、体验生活确实是创作中的重要环节。也许因为我所经历的时代,所受的艺术教育体系的影响,写实手法始终是我绘画的主要表现形式。但艺术不能僵化,一成不变,面对时代的发展变迁,面对当前艺术多元化的创作,我由衷地欢迎、喜欢、支持。而作为我个人,还是坚守自己的个性理念,我不认为自己是个保守、不思进取、走老路的画家。绘画艺术不仅仅是作品的观念、题材、形式的更新,必须有相应的艺术高度。艺术是门学科,也应有课题,几十年的笔墨生涯,我始终在感悟中国绘画笔墨语言空间的拓展,并思考表现当今时代都市人物的表现力和表现手法。这是我心中为自己设定的课题,仅此而言,已够我的余生去尽力攀登了,其乐无穷。

2003年我退休前夕,作为留念,我和学生们举办了师生展。我们师生因水墨结缘,所以起名为"水墨缘"师生展。退休后,"水墨缘"就成了工作室的名称,成为我和学生们切磋水墨艺术的平台。2005年又有王劼音、凌启宁等六位老同学、老朋友参与其中,工作室老中青济济一堂,成了一个水墨艺术沙龙,玩水墨、论艺术、聊人生,其乐融融。

也许因为我当过兵、做过工人的经历,我喜欢和学生们相处并打成一片。尽管我是老师年长于他们,然而在艺术面前我们都是一名学子,无高低优劣之分。只是我从艺时间早,经验体会多,尽可能地帮助他们,组织些活动,为大家做些事,这正是一名老师应尽的责任。其实任何事物都是相互的,充满青春活力和时代观念的学生们也让我从艺术中感悟和学习到许多东西。我们一起创作,做展览,搞活动,出刊物,推新人,平心静气地探索水墨艺术,通过自身的努力,相互的激励,美院领导的支持,前辈的指点帮助,十余年来出了些作品,有了些成果,新人脱颖而出,我当然是很高兴的。去年我荣幸地获得2015年上海"德艺双馨文艺工作者"的称号,我感到这不仅仅是给予我个人的,更是给予我们水墨缘工作室全体画家成员的,是各级领导和艺术界对我们的肯定、鼓励和鞭策,我们将继续努力,为上海的美术创作贡献自己的力量。

1995年,上海戏剧学院舞美系教室和学生一起

对于近20年来国内画坛的现状和发展,作为一个水墨写意人物画家和教师,我还是有所感慨的,主要感到在正有两种极端的不良倾向影响着画坛。一种是打着前卫、当代创新观念招牌的水墨游戏,部分抽象、变形、夸张只为夺人眼球,无美感、无内涵,但空洞无物、无艺术含量的作品,体现了一种急于求成、浮躁、功利主义的心态,实质并无多少艺术品味、艺术修养在其中,有时加上媒体炒作,实质误导了艺术创作健康的发展。另一种是正好相反,貌似工笔画盛行,只求表面的逼真,精工细作,精细入微,苛求照片效果,只为迎合某种需求或是展览,或是市场,实为匠人之作,唯独丧失的是中国传统工笔画的精神理念,扰乱了工笔画的审美取向,也违背了中国画传统的创作理念。

2003年,首届"水墨缘"师生展大厅

两种倾向的后果是中国画写意精神的流失和萎缩。看我们的前辈,公认的中国画大师,齐白石、潘天寿、黄宾虹、林风眠、黄胄……无一不是水墨写意的经典人物,而今能有几多?值得深思和警觉。

作为写意水墨人物画家,我为这样的局面担忧。以上海为例,近代以来海派水墨本以写意见长享誉国内画坛,吴昌硕、任伯年、唐云、贺天健、朱屺瞻、程十发、刘旦宅诸前辈都已作古,现在仅有的写意高手都年逾花甲古稀……如今的画院、美院又有多少此类的中青年写意画家。展览中更鲜有年青的水墨人物画家,仅有的也大都在50岁以上,美术学院的毕业创作极少有写意人物画的作品,呈现青黄不接、后继无人的现状。

1983年,在新疆喀什古尔邦节现场

确实写意人物画相对需有较高的艺术素养、造型能力、构思立意笔墨技法,更非短时间能取得成功。然而作为反映时代生活主流创作的表现形式,体现中国传统绘画继承发展的重要环节,必须面对,加以扭转。在此我希望更多的青年艺术家认识到这样的问题,为继承发扬海派的优良传统努力奋斗,更希望能得市文艺界领导、美协领导们的关注和重视,多举办相应的培训,策划举办专题的展览,重振海派雄风,推动上海美术创作的健康发展,创造新的辉煌。

"水墨星期三"沙龙七老。左起：王劼音、陈谷长、凌启宁、奚阿兴、丁荣魁、张培础、罗步臻

本文原为2015年笔者在上海美术创作会议上的发言。

生活是那么的艺术

张培础

熟视无睹，常指近在咫尺、了如指掌的事物，自以为太了解、太熟悉，往往漫不经心，漠然处之。但有时一旦回首，却是大吃一惊，或不得其解，或终有所悟。生活中这样的事也不胜枚举。

走进明清古典家具店、文物古玩商店，曾有这样的感叹，这不就是我家从前墙角的那个柜子，还有椅子、条凳、花板、窗格？那不就是家家厨柜中视为寻常的杯、碟、壶、碗、瓶、罐、缸、坛，还有奶奶箱底的绣花嫁衣？如今都成了价值不菲的艺术品。蓦然醒来，细细察看，却也识得味正趣淳，好后悔当初竟随意处之或一送了之，而今却又寻寻觅觅。看来，生活中常演绎着角色转换的艺术。正是在时光流逝、岁月沧桑的磨练中，在历经生活胞浆的平凡之物褪尽浮华，尽显纯正本色的同时，人的审美意识素养也得以升华。多少艺术家的居室中，这些精美的凡物已成为一道风景，在玩赏之间回味历史，恋怀往事，品尝生活，其乐融融，但也大可不必沾沾自喜于自己超乎常人的鉴赏力。当想起从古至今，大到敦煌壁画、龙门石窟，小到珍宝、首饰，在人们的生活中创造艺术美的不就是最普通的工匠、艺人，能不肃然起敬？

1985年，云南西双版纳和小和尚们

1985年，云南写生归来和学生薛松

采风、写生是艺术院校师生的必修课，太行山村、江南水乡、云贵高原、西藏、新疆，与城市截然违异的自然风光、民风乡情、形象、服饰无疑极大地满足了早已审美疲劳的城里人猎奇的心态。激发、刺激了艺术家的创作欲望，才创作了众多名山大川、风土人情的艺术佳作。但当地的百姓却并不以为然，甚至抱怨住厌了千年的穷山沟、百年的破木屋，穿腻了花里胡哨的民族服。尽管他们不懂建筑艺术，但向往高楼大厦，不理会服装设计，也渴望流行服饰、现代科技。1984年我曾带学生去云南写生，有个姑娘胸前佩戴祖母流传给她作为饰品的几枚大清银币，一个学生竟然用一块再普通不过的电子表就换来了。面对欣喜的姑娘我不禁感悟价值的转换不能仅仅以金钱来衡量，就如早就流传的一个故事：被困在洪水中树上的一个财主，竟用一袋金子去向同在树上避难的农民换一口大饼，同样的合理。而对前面所述而言，发现并感怀生活中的艺术美，也不只是艺术家的专利。住惯了水泥森林、抱怨空气污染的城里人、艺术家和山沟里的农民一样，也许只是人们审美疲劳后出于互补心理的一声感叹。

1999年，甘南国画系师生草原上聚餐

让我们更贴近一些文化艺术的主题。曾听闻国外归来的同道论及感受，说起在国内时看中国的传统民族文化，因身在其中往往并不以为然，直到旅居国外多年，几十年，以俯瞰大地、远眺苍穹的角度来审视、比对、观照，方顿悟东方文化之精深博大、源远流长，而国内的虚无主义者们却还在津津乐道西边月亮的方圆。

传统、现代、保守、新潮、生活、艺术，时常会因人而异甚至偏激地设置各自

1987年，戏剧学院学生湘西写生场景

的定义。其实本来就模糊的边界,何必强求定位。作为艺术家,只要你面对生活就是面对艺术,只要你热爱生活、珍惜生活,何愁生活中缺少艺术、艺术中没有生活。让我们艺术地生活着,你将会发现生活是那么的艺术。

1983年,新疆塔什库尔干草原

1983年,新疆写生。左起:吴烈湧、俞晓夫、张培础、戴恒扬

1983年,参加塔吉克婚礼吃手抓饭。右二为俞晓夫

1983年,喀什香妃墓墙边

本文原载《新民晚报》副刊版。

第四章 评论及访谈

守望真实

王劼音

近年来在我的学长张培础教授的引诱之下无意间进入了水墨领域，领略到中国文化和中国绘画之妙。

如今培础将在上海中国画院这样一个学术圣地举办个展，却嘱我这个才入门的外行来写篇文章，诚惶诚恐，颇为忐忑。

我和培础做人的基本价值标准相似，因而有不少共同语言，然而在艺术上却走上了截然相反的发展路径。

我学的是"工艺美术"，却弃工艺而投绘画。因而没有先入为主的预设方向，就如一个没有明确目标的旅游客，哪里有趣就到哪里去，三心两意，见异思迁，脚踏西瓜皮，从版画、油画一直滑进水墨画圈中。

而培础却醉心于他的中国人物画创作，几十年如一日，不改初衷。他出身正宗，毕业于上海市美专中国画人物专业。这以后无论在部队或工厂，均以他的人物画作品享誉画坛，一幅《闪光》即是明证。进入高校后又一直从事国画人物画教学，退休之后还费尽心血办起了水墨缘工作室，继续他的国画人物画教学和创作。

培础平时和人交往看似随和、很好打交道的样子。但在艺术上却是一个固执己见之徒，他实在太热衷于他那洋味实足的具象写实人物画，因而毫不在乎被戴上落后保守和崇洋媚外的帽子。

他一意孤行，基本不受时风之影响。

在西风紧吹之时，他并不向西倒，不受西方现代艺术任何变形、切割、错位或荒诞审丑之影响；在东风徐来之日，也没有转向新文人画，研究传统图式，作中国写意变形。

当今画坛工笔画泛滥成风，那种比拼手艺和耐心，把每根头发丝都描出来的工笔人物画屡屡获奖，或拍出高价，培础对此视而不见。

他的人物画不同于北方徐蒋体系，多了一分潇洒轻逸的水墨淋漓。培础曾受浙派之影响，在学生时期有机会看方增先先生现场写生，给他留下终生难忘之印象。浙派人物画中脸部及手足等比较素描，衣服背景则用勾勒，以保留笔墨之趣。而培础作画，无论人物背景均一挥而就，但在人物塑造上又极严谨。这一分"潇洒的严谨"，却极难把握，想学他的学生，没有一个能够成功，他那近乎没骨的人物画呈现出较强西洋式的光感，已全然迥异于浙派。

于是，培础的人物画在国内中国画坛上便具有可识别的唯一性，在这个全球化、市场化、网络化的时代，要做到这一点很不容易。生命的独特性，不可复制的唯一性，正在受到侵蚀，太多的艺术家成为东风吹来向东倒，西风吹来向西倒的墙头草式的人物。他们已陷入一个他者世界，以别人的眼光来看待世界，忘记了灵感的珍贵和

"水墨缘"七老之王劼音

2000年，和老同学王劼音出访芬兰

2000年，创作中

2000年，创作《水墨七老图》时画室场景

独立创造的价值，于是出现了大量模仿和跟风之作。此类仿作最大的特点便是不真实，我们看不到作者，看到的是一个为时尚或金钱所操控的傀儡。许多貌似当代的作品，也是跟风之作，和当代艺术的反叛和开拓精神正好背道而驰。

从这个层面来看，固执己见的张培础先生在光怪陆离的艺术万花筒中所显示出的那份不随波逐流的淡定，在今日犹显珍贵，值得世人深思。

写到这里，本可以结束此文了，不料近来培础在艺术上又有了新的探索，他虽固执己见却并不故步自封，开始转向更加严谨的人物肖象，达到了真所谓惟妙惟肖、栩栩如生的境界。这些肖象画在技术上反而有些近似北方的徐蒋体系，但培础的追求有所不同。他画最熟悉的画家朋友，因为熟悉，所以对象的音容笑貌了然于心；因为熟悉，所以在"肖似"的背后还潜藏着和对象在情感上深度交融的痕迹。

最别出心裁的是他要求所画的画家和他合作完成肖象画，这样的互动彻底颠覆了作者和对象之间那种恒定的关系。

我已和他合作过一次。这确实是一次全新的绘画体验。他初步完成的肖象画上留下了一大片空白，我需在空白处画上有我个人特点的图像。这样的合作颇有难度。首先，培础的肖象已画得很完美，这会给合作者增加心理负担。其次，我和培础的画风完全不同，如何使之协调。第三，后者添加的部分既不能喧宾夺主，也不能游离在外，颇费踌躇。好在最后在培础总体再协调下勉强完成此作。效果如何另当别论，但这样的探索之旅，确实动人心魄。

看来艺术重在坚持，然而，艺术又贵在探索，艺术家须智慧地在两者之间保持某种张力，才能在探索前行中不致迷失真实的本我。这或许是培础个展给我们的启示。

本文原载张培础《水痕·墨迹·画缘——张培础作品集》。

灵性奔放 天马行空

张培成

张培础是我三哥，长我 5 岁。我踏上绘画此道，他是我最早的引路人。在我的记忆中画就是他的一切，他高中没有上完就被上海美专破格录取了。1964 年作品就在全军美展中获奖，被中国美术馆收藏，那时他才 20 岁。从此哥哥就一直成为我在同道中的一种骄傲，更成为我学画生涯中的一个坐标，因为他让我觉得目标并非是不可企及的。

70 年代开始，他就一直在市工人文化宫、各区的文化馆辅导上课，在上海的业余画家中经他教过的还真不少。那时家中挟着一卷画上门的青年，真可用盈门来形容。原因也很简单，无非是因为画得好，另一条人好。确实张培础在上海美术圈内的名声、口碑，那是非常好的。他待人真诚，对上不会阿谀奉承，对下也从不傲慢专横，对待学生满腔热诚。那些刻苦聪颖，但又家境贫寒的学生，他总是特别的关爱，一刀刀的宣纸、毛笔赠与他们，对待学生的创作犹如他自己的作品。近些年来在上海的新生代青年画家中出自他门下的应该说不在少数，他们都努力地求索着，在上海的重要展览中都能见到他们的作品。

张培础的画与他的人一样朴实、大气，一以贯之的倒是洒脱灵性的用笔、水景墨染的韵致。他认为既然是水墨画，当然须充分发挥水墨、宣纸各种媒材的特性。他关注毛笔在宣纸上碰触时的状态，那是一种包含生命的舞蹈，笔的枯湿浓淡，搦管运腕时的疾徐提按都将在纸上留下各异的情感迹痕。作画于其是一种痛快，没有死抠细描的拘泥、亦步亦趋的刻板，全由灵性奔放，行空天马。然而要进入如此境界，尤其是写意人物，那并非是轻而易举的。没有扎实的造型能力、笔墨能力，那是无法进入状态的。

他平心静气地研究人物画的水墨语言，他用自己的实践探究着写意水墨人物的空间到底还有多大。或许是作为一个教师的职责让他更钟情于埋头耕耘。颇有技点的大笔触没骨人体的点施，远离固有色的冷灰色调的选择，这种色调在白色底子上的朦胧，更增加了几许逆阳的光感。在他的创作中有时喜欢用一些浓重的纯色，耀眼的红、刺目的黄，然而与他的浓墨、扎实的造型又很谐和。在其作品中水的自如应用又是一大特色，水在宣纸上的自然流淌、渗化，留下了各异天成的水渍，在明度的黑白灰之余又多了枯湿浓淡的水韵笔趣，使其迥异于西方的素描，体现东方绘画独有的灵性。

值此"同窗墨缘"画展去台湾展出之际，谨此表示忠心的祝贺。

注：张培成，上海刘海粟美术馆馆长、上海中国画院画师、上海美术家协会副主席、中国美术家协会会员、国家一级画师。

1969 年，张培础、张培成兄弟俩在 20 世纪 70 年代

2003 年，"水墨缘"张培础师生展上，张培成致词

2003 年，"水墨缘"师生展上祖孙三人

2003年,"水墨缘"画展上

20世纪80年代,在工人文化室示范作画

20世纪80年代,在安徽屯溪市示范作画

墨缘·乡情
——张培础太仓画展序

郝铁川

去年12月初，收到张培础先生送达的他在上海中国画院举办的70岁画展的邀请函。出席前夕，我认真阅读了他的《张培础自传》。自传开头便说："祖籍江苏太仓，我的简历总以此开场。中国画家对太仓并不陌生。清代山水画巨四王中三王（王时敏、王鉴、王原祁）均出于此，史称娄东画派。不能不说我的家乡人杰地灵，得绘画之神韵。尽管我出生在上海，添上祖籍之地，坦言之，与其说是为自己脸上贴金，倒不如说是内心对家乡历史的仰慕和自豪之情。"因此，在看他的画展时，便向他提出到他太仓家乡举办画展的建议。他双眼顿放光彩地一口答应，太仓宋文治纪念馆的蔡萌萌馆长既是他的仰慕者，又是我的好朋友，三人一拍即合，于是就有了今天的这个画展。由此而言，画展的一幅幅作品更犹如张先生回归故里的游子吟。

2015年，和上海文史研究院郝铁川馆长在展览馆

我的专业不是艺术，充其量只是一个艺术爱好者。但我深信艺术源自生活、高于生活。怎样才能高于生活呢？我觉得古人总结的"穷而后工"、今人所说的"苦难催生艺术"是很有道理的。艺术家的天赋当然是重要的，可并非人人都可以成为艺术家。光有天赋还不够，还要有丰富的生活阅历，特别是对苦难的体会。张先生的绘画成就已为画界公认，这与祖先的基因、故乡的福荫自然息息相关，但我以为与他的人生经历更为密切。他的人生经历有两大特点：一是他经历过多种岗位，经受过人生磨，二是在艺术征途上遇到的名师多、同仁多。

2015年，上大美院汪大伟院长参观展览

张先生18岁时就开始了他六年海军士兵的军旅生涯。他在自传里说，站岗让他体悟到大自然无穷变幻的性格魅力："无际的大海，片片白帆，海鸥飞翔；夜半时分，月色下的山顶上火炮和树林罩上一片银白，宁静至极；而黎明来临之际，霞光四射，红日从海平线徐徐升起，则是柔情万般。有时于惊雷霹雳、骤雨暴风、涛声滚滚之夜，你孤身一人置身山野，则更别有一番滋味。"

张先生当过工人。从部队复员被分配在上海航道局工程船舶上成为一名浦江水手；他当过教师，改革开放后，凭着他绘画创作的成果，跨入上海戏剧学院美术系、舞台美术系任教16年，最后又在离开上海美专32年之后他回到母校上海大学美术学院先后担任中国画系主任、教学副院长。

2015年，"水墨缘"七老在展览海报前

与有些人相比，张先生在"左"的岁月当然算不得多么坎坷。但在其内心也深深地经历过磨难。正当他在部队以其绘画特长颇受领导重视之时，突然在某次运动中被告知他出身"地主"，因而不能入党，不能提干，他的心便猛地紧缩起来，在基本清一色为贫下中农的战友士兵们中，在那个年代，他掂出了这两个字的分量。他出生在上海，根本不知道自己是"地主"出身，自然填写表格时未标明这一点，而组织上认为他是故意隐瞒成分。从那天起，他换了一副人样，人说抽烟能消忧愁，他的烟龄也就自那时开始。

2015年，展厅现场

2015年，和夫人姜荷燕在展览海报前

张先生又是那个时代的"幸运者"。他在中学时代便遇到了立志要把自己学生培养成为艺术家的张文祺老师，奠定了绘画的"童子功"；16岁那年高中未毕业就被破格保送进了上海美专本科国画系，初入艺术殿堂又受到了一批海派名师的教诲；当兵和务工期间都因绘画特长而参加了这样、那样的绘画创作活动并成果卓著，当踏上专业艺术岗位的他又身逢改革开放的年代，厚积薄发，坚持探索。张先生能在艺术上取得成绩，可谓自然天成。

恕我不能以专业艺术评论家的角度来论述张先生绘画的艺术特色，但张先生的画如同他的人生经历那般，丰富，多采，有气势，有张力，有穿透力，有感染力。我想这些应该是每个观众能充分感受到的。由此而言，他的画也是解读他生活经历的人生画。

游子吟，人生画，这是我对培础先生画展的粗浅解读。见笑了！是为序。

注：郝铁川，上海市文史研究馆馆长、华东政法大学博导。

2015年，和参加展览开幕的嘉宾留影

《墨缘·都市——张培础水墨人物画册》序

舒士俊

杭州恒庐主人席总喜艺术交流，多年前曾邀我至恒庐做讲座。去年他希望我介绍一些上海画家到杭做展，在人物画方面我第一个想起的，便是张培础。

时下中国画的状况，工笔人物画几乎充斥全国美展，为数不多的写意人物则多以正锋毫尖挥写线条，采用略带漫画夸张似的表现手法，如已去世的朱新建即为其中之佼佼者。而张培础的水墨人物在上海要算元老级了，他所秉承的是从任伯年、程十发乃至后期居住上海的方增先形成的海派文脉，同时撷取都市写生风韵，通过自己灵性发挥，遂形成他自有面目的都市水墨人写意风格。他作画既能正侧锋兼用、水墨恣意，又兼及造像之精微；借仗着劲健笔力，他将墨彩水晕幻化为腴润鲜亮的一个个都市水墨人物。这种靓丽的都市水墨人物风景，在当今人物画坛，几可谓是戛戛独造之格。

在我看来，张培础的都市水墨人物，显然不同于当下大量空勾填色，在造型上规行矩步、四平八稳，几乎不见笔墨之岁月修炼积淀，笔触本身未能显示情感寄寓、毫无生命内涵张力的那类工笔人物。而张培础作画往往用笔豪放潇洒而不失精微，其水墨人物涵泳着海派大写意的传统渊源，又加以长时期生命积淀修炼，故其所作既可随笔所致、率意挥写，又能随物赋形、纤毫毕现；其笔触线条之间，相当难能地保持着雄强与柔和之间的弹性张力，以及浓淡腴润水分的微妙自如的把控。在观念上他亦与时俱进，大胆吸纳西方构成与色彩元素，融入全新的都市题材，遂使其水墨人物呈现出靓丽魅人的都市风采。

2015年，和舒士俊先生在展馆前

像张培础这样一位水墨人物画家，在20世纪70年代即以《闪光》一画蜚声画坛，而今在上海画坛他已声名卓著，但在全国，除了有些老一辈记得，画圈内年轻一代却已知者不多。在当下自我炒作风行之际，张培础独独不屑于此，反而选择了低调退隐。平时他喜与一起被称为七君子的同道作"水墨星期三"之探索雅集，又时与一批年轻画友作师友间的切磋交往。因十年"文革"对中华文化摧残，又加以西方观念涌入，现今许多年轻人对传统大写意之精髓及其难度已漠然不觉，时代之审美标准似亦已明显产生变异。不少人只对西式构成感兴趣，竟看不懂笔触线条之韵律内涵，更不懂下笔线条之蕴含辣味对于技法难度和韵味呈现带来的深层意义。面对画坛如斯之现状，张培础仍是淡然处之，只忙着他自己喜欢的水墨缘。

2015年，舒士俊先生主持研讨会

去年，上海中国画院为他开了七旬回顾展。前不久，家乡江苏太仓亦邀他去举办画展。接下来，便是这个恒庐展，因席挺军先生的欣赏和大力支持，张培础的都市水墨人物画展遂得以呈现在浙江同道们的面前。

回顾往昔海派的历史，浙江的画家与上海总是挺有缘分——由此我猜想：张培础的都市水墨人物画，应会在这儿遇到他的慧眼赏者。

学者的笔墨

李涛

《老墙》作品局部（一）

《老墙》作品局部（二）

读张培础的国画会感到绘画语言的贫乏。张培础是上海大学美术学院国画系主任，是将绘画技艺传授给学生，并给弟子们以启示和创意的老师。他是海上画坛的学者。看他的国画艺术，能看出许多富有理论的见解。

张培础的中国画风是学者性的。他的国画艺术首先具有的是学院派的严谨精神。大概中国人口众多，画家也多，所以要在高等学府出人头地，没有深厚的笔墨功底，也就是我们常说的对传统的研究恐怕是难坐海上画坛的一席之地的。《老墙》中一群老人倚着断垣在夕阳下取暖，满脸的沧桑印刻着人生岁月的痕迹，天真少年的明天将是什么？历史的重负已经使作品具有更深沉的精神意识。张培础以水墨大写意辅以近乎干枯的皱擦，豪放、凝重而淋漓的墨气中不乏充满力度的细微刻画。不正是画中沧桑老人的精神观照、六米的巨作为我们展现了磅礴的气势？读这幅画使我从理论上知晓：某种艺术风格的形成不是纯粹的笔墨堆砌，绘画语言也是画家思想的体现。这就是我近来分析名国画家画风后得出的结论，也是与部分更注重市场融合的绘画语言的根本不同点。

研究张培础一辈学者型国画家的绘画语言，我还得出这样一个结论：他们既不同于师承的富功力的老画师，又不同于开放性的感性的青年画家，他们是承上启下者，延伸与出新兼融一身。在这一层面上张培础的国画语言又极富文人画的魅力，酣畅生韵，天然图画，是自然、灵性、笔墨之趣的富有学识性的创新。《海韵》中裸体少女的神韵和水墨的气韵交织一体便是带有这一辈的时代性的绘画语言，也是创新的标志。同样，为了使文人画语言在我们这个时代更富大众性，这也是五四新艺术精神的延续，在雅俗共赏上进一步，张培础赋予民间艺术语言以当代性。文人画的笔墨，民间色彩与造型的现代感，现代人的明朗、平和可人的情感，这些抽象的概念通过研究使之国画风格化，既有学识性，也有平民性。这便是当代办高等美术学府的目的，而张培础的笔就是研究这些的。

本文原载《解放日报》副刊，1996年12月。

真实与错觉

邵仄炯

近现代中国水墨人物画相比花鸟、山水画更能体现中国画在时代转型中的新气象。无论题材内容、主题思想还是技术手段，都与传统人物画拉开了很大距离。究其原因：人和物的变化是与时代变化紧密相关的，加之西学东渐，西方艺术的观察方式、造型手段、形式观念大大改变并丰富了中国传统人物画原有程式。追求视觉的真实、表现现实生活成为当时大多画家共同的艺术理想和追求。

早先北方的徐悲鸿、蒋兆和以西方古典写实主义绘画改造中国笔墨，开写实人物画之先河。继而南方浙派人物画旗手方增先也强调在素描体面造型的基础上参入传统花卉的点染勾勒技法，成功表现了时代的工农兵形象并风靡一时。海上画家张培础先生的水墨人物画无疑是基筑于这样的学术背景的影响下发展起来的。勤奋与天赋加之丰富的人生阅历，让他的人物画能以扎实、娴熟的造型能力迅速地反映现实生活和时代节奏。因此不到而立之年，他的连环画、插图、主题创作在那个年代已闻名画坛。

艺术的变革随着社会的发展纷扰而精彩，但先生始终一意孤行，执着于造型、笔墨相依相生的绘画本体。多年的写生创作积累了丰富的实践经验。尤其是近十年的那些灵动、洒脱的水墨都市人物写生充溢着浓浓的海派都市情调，已远不同与徐蒋的素描笔墨，又在浙派人物画风的基础上有新的发展。先生喜借写生的方式追寻笔墨造型的多种可能性，在把持严谨造型的基础上力求灵变与自然，并在光色、墨彩的融洽挥洒中提升笔墨自由度，寻找自己艺术的独特感受。因此可以明显地看出先生已从原先叙事写实转向了对绘画形式趣味本身的关注。

西方的近现代画家大多也在写生的状态中来追求自己的艺术理想，如塞尚笔下的圣维克多山、莫奈的阳光花园、莫兰迪的瓶瓶罐罐以及弗洛伊德的扭曲人物。这些对象的结构、光色、形式、状态，无疑是画家追求不同绘画形式趣味的重要载体。艺术家依托自然中的不同载体并植入自身的情感和审美再加以表现，从而拓展了人们的审美意识。可见从再现真实的单一模式中解脱出来的写生作品已具有了独立的艺术品质。

中国画家的写生如同书家临帖中的意临，实际都是"借题发挥"。张先生借助模特传递出来的情绪、神态、光色等信息来完成自己的笔墨游戏。在绘画的过程中，他将笔墨的书写性、自娱性、抒情性与画家的审美紧密地融合在了一起。张先生虽极少把他的画与传统联系在一起，然这种自娱书写性的笔墨游戏及对自身审美的自觉追求，恰恰是传统文人绘画的高妙之处。此外先生的画面再洋味十足或摩登时尚，也无法掩盖其笔性中正、温润、灵动、松弛的韵味，这恰恰也是中国画优秀的笔墨品性。

2005年，和邵仄炯在"水墨缘"画展上

《人物水墨画写生》 2005年

张先生的写生已把现实人物所呈现的多样性在有意无意中分解为抽象的笔墨符号，然后又将其重组成绘画的真实显现在宣纸上。如果我们只看到表面的真实，那就会错失绘画艺术的本质与价值。在绘画艺术似乎不断边缘化的今天，先生的执着告诉了我们绘画本身的力量。它既是在制造真实，同时也是在制造错觉，关键是看画家自己的选择了。

《人物水墨画写生》 2005 年

《人物水墨画写生》 2005 年

张培础老师小记

胡建君

张培础老师没有教过我，但我从大多数美院师生那里都听说过他。大家说到张老师都是温暖的神情，说他的平和散淡、宽容祥和、随遇而安，他身上持续的凝聚力和做一件事的韧劲与毅力，都是他广受众人喜欢的硬道理。

张老师是当兵出身的。完全难以想象，文人气质的他，曾亲历站岗、放哨、火炮手的战备训练、演习、打靶等，也许摸爬滚打、穿山越岭的经历，让他更加沉淀、坚韧和执着。从部队到高校，他自述无论战友、工友、同事、同道、学生、领导，在他心中并无差别，皆以平常心对待，对于俗世名利，亦平淡处之。进退自如、随遇而安，这也是大家敬重他的原因之一。所以退休后，他能够轻松卸下领导职务，和同道的朋友、学生一起自发组织成一个艺术群体，起名"水墨缘工作室"，意为和水墨有缘，因水墨结缘。大家定期聚在一起创作、切磋，或指导学生、筹划展览，原先从事油画、版画的几位老师如王劼音、凌启宁等，也在"水墨缘"与毛笔结缘，找到了水墨表达的感觉，令人欢喜赞叹、耳目一新。"水墨缘"每年从容地办展览、出画刊，周末还一起出游、水墨写生。张老师对待学生，更是满腹的热情，他乐于示范、改画，只要学生喜欢，留下即可。长久画模特不免乏味，他就邀请学生轮流自作模特，一同写生。四尺大小整幅的写生，画后大多送给了学生们，他自己则享受了作画的过程，似乎又回到当年为战友们轮流写生的岁月。岁月如梭，而他初心不改，对绘画和生活的热情如昨，纯粹如初。

2017年，张培础在"水墨缘"画室

2008年"水墨缘"年展。左起：胡建君、王瑛，右起：邵仄炯、潘恰

除了与生俱来的平和、慷慨和仁义，他说到的一些往事细节令人心有所感，似乎找到了他行为方式的源头。1960年夏天，16岁的张培础因为专业和综合素质突出，破格以高二学生的身份保送进了上海美专本科国画系，如愿成了上海美专的一名学生。当时国画系大师云集，有郑慕康执教人物，江寒汀、乔木执教花鸟，应野平、俞子才执教山水。几位老师画品和人品一流，他们的言传身教，使张培础耳濡目染、心有戚戚。记得一次临摹唐寅的《孟蜀宫妓图》，画宫妓头上戴金饰品，本可用铜粉代替，但慕康先生为让学生们的作业取得更好的效果，竟从家中带来纯真金粉送给全班学生们作画，使张培础深受感动。也许，就是因为青少年时期这些大师们的言行举止，在他心中留下了深刻的记忆，从而薪火相递，后来自然成为他向往的样子，并感染到身边的学生和朋友。受过他指点的学生，无一不说他的好，他的直白与亲善以及满腔真情。我亦介绍学生去"水墨缘"学习，张老师总是二话没说一口应承，并关照周到，细致妥帖。

2012年，"水墨缘"七老，在梦花源活动中

大概是因为部队生活规范严谨的训练，张培础老师虽潇洒和气，做事却极有方向、韧劲和坚持。办"水墨缘"，他十几年如一日，初衷不改，每做成一个展览、编完一期画刊，出版一本画册，搞完一次活动，都和功利无关，反响都很不错，开幕

《水墨人体写生》 2003年

《哈雷王子》 2014年

式每每人气爆棚，伴随而至的快乐和充实就是他最大的享受。与办"水墨缘"的初衷和态度一样，他也认为自己个性随意散淡，不是一个置身艺海、使命感强劲、有着远大目标的艺术家。他说自己只是一个水墨画家，执着于自己的审美理念和艺术天地，并乐在其中，足矣。他一直都是这么做的，无论对于专业、事业还是生活，他从不好高骛远，随波逐流，而有自己的坚持和信念。他热衷于在写意人物画中以个性的笔墨手法处理画面的色感、光感，形成融合中西绘画理念的表现特征和手法并义无反顾地一往直前。王劼音老师曾评论说："在西风紧吹之时，他并不向西倒，不受西方现代艺术任何变形、切割、错位或荒诞审丑之影响；在东风徐来之日，也没有转向新文人画，研究传统图式，作中国写意变形。当今画坛工笔画泛滥成风，那种比拼手艺和耐心，把每根头发丝都描出来的工笔人物画屡屡获奖，或拍出高价，培础对此视而不见。"他只走自己心中认定的那条路。

追根溯源，60年代，方增先老师的一次当堂示范课令张培础印象极深。方老师笔下的形象，脸部刻画精细、滋润，印象最深的是画像脸部的色彩，张培础平生第一次知道除了国画颜料，还可以用土红、土黄等水彩颜料画脸部，效果竟如此之好，从而明白了画种之间并没有不可逾越的鸿沟，这对他日后的水墨习作、创作的作用是巨大的，也是他后来致力于写意人物画中西融合探求表现理念的渊源之一。

张培础的人物画不同于北方徐蒋体系的厚重严苛，多了一份纵横潇洒的水墨意趣。他的人物画注重意趣，总是潇洒地一挥而就，枯湿浓淡的水墨挥写富有抒情意蕴，也极见功力。但在脸部、手部等细节塑造上刻画精细严谨，加入了明暗与光影的表现，生动逼真。画面整体可谓是一种"潇洒的严谨"。虽然结合了"洋派"的技法，他依旧坚持水墨画的中国气派，绝不一味洋化。绘画的多元倾向正逐渐在模糊画种的边缘界线，他则认为还不至于到融化的地步，甚至边缘的消融是可怕的。他认为绘画世界和现实世界依然同步，民族的特性和传统仍需发扬，单一的艺术理念和表现手段也将把艺术引入死胡同。中国画墨的枯湿浓淡，笔的抑扬顿挫，运笔的轻重徐疾中包含着丰富的视觉空间和意念韵味，这是西洋画无可取代的。但同时需要融入当代的理念去创造新的视觉模式，去满足当代人的视觉感受。

他并不赞成一窝蜂地跑到乡野、偏僻地带、高原藏区去写生，而觉得身边景物、人群皆可入画，城市气象亦别有风味。比如他画的摩托车骑手哈雷，就是城市生活中的一位平凡的模特。在人物造型的处理上，这幅作品有笔有墨，人物的表情、服饰、空间和造型，非常耐看，也非常服帖，表现了他扎实的水墨功底和造型能力。那充满了激情的抒写性表现，那乘兴挥扫的书法性线条，赋予了淡墨以饱满的张力。他的一些水墨人物小品，更纵情挥洒，逸笔草草，细审之下则笔墨精到而气质特异，又不乏生动入微的细节。人物的目光和神情以及概括的动态，总是令人过目不忘。如"羲之好鹅图"，几乎以白描手法出之，线条简劲，大量留白，而人与鹅之间俯仰呼应，生动有爱，人物怜爱的神情呼之欲出。在一次"水墨星期三"的画展中，他画的一幅"七君子"形象亦备受众人瞩目。他将身边"水墨缘"的几位老友、上海大学的七位老教授包括陈谷长、凌启宁、王劼音等画了肖像，人物之间互有呼应、声情并茂。因为彼此熟悉，有着情感交流的因素，每个人的个性气质都跃然纸表，令人赞赏不已。虽然这些肖像在技术上有些近似北方的徐蒋体系，但更扎根人间，接续地气，更加温暖平实而有人情味，似乎都是空气中真实存在、伸手可触的。

2005年，和张桂铭先生一同观展

张培础的作品，底蕴深厚而坚实，既有城市精神、时代气息又不乏传统底蕴与古典格调。他也喜欢另辟蹊径、异想天开，性格中带着一点儿童般的天真与顽皮。他的审美从不人云亦云，一直偏爱古拙、内敛、有历史感的物件。比如一双锃亮的新皮鞋，他非要"下黑手"做旧，揉皱，原本咖啡色皮质硬擦上黑鞋油，成为带肌理的黑咖，以至于出访澳大利亚时一位老外直犯迷糊，盯住打探这双特色"高档皮鞋"。朋友旭峰也曾说起他陪张老师一起在圣马里诺买下一顶新仿制的古罗马时期武士造型的金属头盔，回家后张老师又重新做旧，搞得锈迹斑斑，使之真正成为一件他心目中的"古迹"才罢手，与众不同的个性可见一斑。

在创作作风上，这些标新立异也时常被表现出来。比如在一组海派画家肖像的系列作品中，张培础会要求各位画家在肖像背景上自己添上他个性的表现元素，使作品更加具有被画者的印记和气息，从而达成完美的交流互动，颠覆以往画家与模特的单向关系。还记得张老师应邀为张桂铭先生所作的肖像，线条疏简而到位，淡墨晕染，笔墨清透。桂铭先生坐在非洲雕像和一堆书册旁边，神情安宁、清淡、悠远，似笑非笑，欲言又止。这张作品桂铭先生非常珍视，每画一步都来观看切磋。画成后，桂铭先生自己在画面上空添了几只凌空的鸽子，翅羽开张而昂扬，造型奇诡而玄异。第二天，桂铭先生竟真的匆匆离去了，他大概知道自己就要飞走了，并欣慰留下了这幅最后的肖像，淡淡地挥手告别。

《海派画家张桂铭》 180cm×97cm 2014年

墨缘·都市
——张培础水墨人物画展研讨会

2015年，杭州恒声美术馆展览门口

2015年，"墨缘·都市"画展开幕式

2015年，中国美院教授吴山明先生致词

会议主题：墨缘·都市——张培础人物画展研讨会
会议时间：2015年3月26日下午
会议地点：杭州恒庐美术馆会议室

主持人：
毛建波　中国美术学院教授，美术评论家
舒士俊　上海书画出版社《书与画》杂志原主编
发言嘉宾专家：
吴宪生　中国美术学院教授
张谷旻　中国美术学院教授
王劼音　上海大学美术学院教授，上海美术家协会顾问
张培成　上海美术家协会副主席
卢　炘　中国美院教授，潘天寿纪念馆原馆长
范达明　浙江美术评论研究会秘书长
王　源　浙江美术评论家
陈　九　上海朱屺瞻艺术馆艺术总监
邵仄炯　上海师范大学美术学院副教授
邓　明　上海人民美术出版社原社长

毛建波：各位老师，下午好！

刚刚我们在二楼举行了张培础先生展览的开幕式，我们从现场的气氛也可以看出，张老师有很多的粉丝，上海方面有很多，浙江方面也有很多。大家知道画家也很忙，有各方面的事务，这么多的朋友能抽空过来参加这个活动，可以看到大家对张老师绘画的喜爱。

我们现在开始举行学术研讨会，在座的人数也比较多，我们希望大家每个人的发言能够简明扼要，把一些最主要的观点提出来。这些观点提出来，可以说是为张老师的作品把把脉。张先生70高龄的画家了，其实是不需要我们把脉的，他自己非常清楚将来的绘画怎么走。有时候我们说的把把脉是触类旁通，给画家一些启示，或许是一个朋友的一个点拨，或许是一个朋友错误的一个建议，但是可能以另外的角度给画家本人启示，或一个灵光闪现。

从现在的角度来说，70岁绝不是古来稀了。我们的生命历程会越来越长，艺术历程也会越来越长，所以张老师去年开始成为"70后"，还有很长一段时间可以在艺术上有更多的探索。这样的角度来说，我们下面的研讨会希望大家畅所欲言。但是反过来说，为了让更多朋友有机会发言，希望大家能简明扼要地对张老师的作品提出一些建议。

在开幕式的时候，舒老师也好，席总也好，都谈到了沪海浙潮。恒庐美术馆跟中国美院关系非常密切，包括我们学校的领导对这个美术馆也都是有很高期望的，一直在说这个美术馆在走着学术道路，做了很多为了推崇或者说推介艺术所做的事情。我自己也是这个馆的学术指导，沪海浙潮是我做的展览。为什么把这两地合在一起做，就是因为我们两地的关系。大家知道开埠一百多年，沪海固然有它的力量，浙潮也起到一定意义的作用，浙江潮的一种活力，一种生机，一种创新精神在艺术上能够体现出来。

张老师是上海画家中第一个到这里来开展览的，希望以后有越来越多的画家来这里做展览。目前上海画家过来的相对较少，浙江画家过去相对多一些，以后这样的交流会更加多一些。张老师在刚才的发言中，包括交流中，他一直说受到浙派的影响很大。这个确实是如此，其实张老师的绘画历程跟浙派的发展也是密切相关的。浙派人物画在人物画的发展过程中有很大的贡献，在西方绘画进来以后，在人物画中加入了更多的西方造型艺术。当然也带来一些问题，有些画家物极必反以后，就是中国传统绘画的精神东西相对少了。我自己个人来说，对张老师的画非常喜欢，因为受浙派人物画影响之后，在上海大都市的这种地域文化的影响之下，形成了他个人的清新流动的，包括我们看到的时尚人物的东西，非常轻松。这种面貌跟中国传统人物画是互相辉映的。应该说张老师形成了自己的一种兼具上海跟浙江人物画的一种风格。换一个角度来说，他到这里的展览又可以反哺浙江的文化。我想这个展览本身非常有意义，我们下午的研讨会期待围绕张老师的个案，来探讨当代人物画发展的一些路径。

下午我跟舒老师一起来主持这个研讨会，双主持是因为我们对浙江的画家相对熟悉一些，舒老师对上海的画家相对熟悉一些。我们比较轻松，可以不断地间杂浙江的、上海的理论家、艺术家相交叉的发言。

研讨会之初，我先请张老师简单地作个绘画历程的回顾，也方便在座的，特别是浙江的理论家、画家对张老师的艺术历程有一个了解。下面有请张培础老师发言。

张培础：首先要谢谢浙江美院的毛建波老师刚才的发言。毛建波老师是浙江美院著名的美术评论家，他在这方面也是很有研究的，所以我今天也希望能多听听毛

《水墨人物》 136cm×68cm 2012年

2015年，展览座谈现场

《女模特》 110cm×68cm 2004年

《女模特2》 110cm×68cm 2004年

老师的一些批评和建议。

另外我先介绍一下自己的绘画。首先，我是个画家，跟理论家不大一样，要很系统把自己的绘画及理论或者是有关的思考说清楚也是很难的事情。当然每个画家有自己的想法，从我绘画的历程上来讲，因为我自己感到，我一直能够坚持以写生的人物画为主。我会想起来作为一个画家最初是怎么喜欢画画的，我喜欢画画，我就是为身边的人和事物所感动。小时候对人的感动，这个人很好看，想画。所以这么一点点走过来。

进了上海美专以后，当时的浙江美院，方增先老师这一辈的老师所创立的新国画，对我们这代青年学生的影响是很大的。

我在上海美专国画系的时候，我们的老师也很好，是郑慕康老师，他的功力很深厚的，但以工笔画为主。写意画的确我们基本上没怎么上过，所以当时浙江美院的中国画，特别是像方增先老师他们这一辈成为我的偶像，在浙江乃至全国都已经有点影响。而我们作为美院年轻的学生，对这类画风，犹如现在的追星族一样痴迷。所以那时候正好遇上机会，一次方增先老师到上海来，我们学生迫切地都邀请他来给我们上课。在这样的情况下，方增先老师给我们上过一堂人物写生课。这一课我记忆犹新，我给学生上过很多写意的人物写生课，而方老师的这一课我自己感觉受用了一辈子。从这个启蒙开始，自己对写意人物、写生画产生了兴趣。

当然了，从我的一些经历看，后来去当兵，复员以后当工人，后来再到学校当老师，这一路走来，对写意人物画、中国画，从来没有放弃过，一直在坚持现实主义的道路，并且画了一些主题性创作的中国画作品。

今天这次展览的画，基本上都是2000年以后的作品，都是15年之内的作品，特别是退休后十年来的作品。

在这个方面，我肯定是有追求的。我心里的追求主要就是，我生活在大上海，生活在现代的都市里，我想，我应多画一些身边的人物，这就是我生活的环境，多画一点带有时代特征的人物。有了这样的想法，也尽量这么去做。

我感到新人物画在国内往往题材也蛮多的，农村题材也蛮多的，相对来说城市题材画得比较少。我生活在上海这样的大城市，有这个条件，来画我身边的人，对我自己来说，是个追求，也是个挑战。所以在这方面画得多一点。艺术实践中也有了一点想法，也是这么去做的。今天展览的一些东西，希望得到大家对我的批评，看看还有什么地方能够做得更好。

我先讲这几句，今天主要还是想多听大家的意见。

我感觉现在画水墨写意人物画的人越来越少，更希望大家对写意人物画提提方向,能够把我们中国的写意人物画再重新振作起来。谢谢各位专家了。

毛建波:谢谢张老师,我们先请浙江的几位老师发言。首先有请中国美术学院博士生导师、著名人物画家吴宪生教授发言。

吴宪生:看到张老师的画非常激动,有几种原因:

第一,我和张老师算得上是老朋友。我刚才翻这个画册的时候,感到这个老朋友有几种概念,一个就是我最早见到他的画是在1973年,他的一张画叫《闪光》。我那个时候大概高中还没有毕业,一个偶然的机会,到了上海,去看了一个上海的画展,其中有一张就是这个画册里面的《闪光》。所以当时印象特别深,从那个时候开始起,张培础这三个字就印在我的脑海中了。这是缘。

这个缘我跟他一直没有见过面,没有缘到上海去拜访他。直到前几年,我招了一个博士生,上海师大的一个老师。这才把我跟张老师这个缘接上了。他跟我说张老师希望跟中国美院做一个交流展,他带十来个学生,我自己带十来个博士生、硕士生一块做展览。先是在上海做的,然后又到杭州学院来展出的。

通过这样的交流,更加深了我对张老师的敬仰。在办展览的过程当中,我听到的和我所看到的,张老师在上海美术界,在上海文化界有非常好的人缘关系,有着非常好的人气,他把一大部分画家,老的、年轻的都笼络在一起。我去看了,还到他的水墨缘画室看了。看了以后非常感动,我说浙江找不出这样一个人来。这个跟他乐意奉献,花精力去组织,从物质上,从各个方面提供方便有关系。大家聚在一起,不为名,不为利,纯粹是为了画画开心,这样一个小型的艺术沙龙。我很羡慕,我说我能不能有机会也到这个沙龙里面去参与一下,我非常羡慕他们这样的一种艺术氛围。

而且在这个氛围里面,很多是有杰出成就的老画家,比如说王劼音老师,还有上海油画界的一些老前辈,也能够在这个圈子里面大家一块去研究,去画画,纯粹是为了艺术形式上的探讨。我觉得这个水墨缘在上海撑起了一个非常好的为艺术家的氛围,所以从这一点来说我非常敬仰张老师。

另外,从1973年开始,我看到他的画一直到现在,张老师几十年来在人物画创作上孜孜不倦,向着一个既定的目标不断地探索,不断努力,画出这么多作品。这个也是值得我学习的。我觉得这样一个老先生,对艺术的执着,在艺术探索的道路上,从来不停步的这样一位老先生,这样一种执着的艺术精神,值得我们学习。现在我

《老人人体写生》 120cm×68cm 2010年

《女模特3》 110cm×68cm 2004年

《潮女》 105cm×68cm 2005年

虽然也退休了，相比张老师还是年轻十来岁，我还是算晚一辈的，要向老先生学习。

下面谈谈我对张老师画的认识。我们都是画人物画的，人物画很难的一个东西就是造型问题，很多人物画家到了一定的时候，他迈不过造型的这一道坎，往往就会被挡在人物画的大门外。张老师的画之所以能够立得住，在各种不同的题材、不同的语言当中不断出新，跟他有扎实的造型基础有关系。他可以信手拈来，随手勾画都可以成画，这个没有扎实的造型基础做不到这一点。

从张老师的画当中，我更加体会到，人物画造型第一。张培础老师的画实际上就是一个论证，也是一个有利的说明。这个造型，我们有些同志，我们学生上课的时候，画写生的时候，有时候拿起毛笔来就想到我是在画中国画，我要在宣纸上发挥毛笔的特点。我说恰恰相反，你不要想在宣纸上画毛笔画，你首先想到你是个人物画家，你画的是个人，先把人物画出来。

我们对着模特写生，人物画和山水画是有区别的，人物画的造型相对山水花鸟来说，要求更加严谨。我最近在给研究生上课，上课以后，我说这个模特明明形象特色非常明显的，明明是很瘦的，可是我们的同学一拿起毛笔到宣纸上这个特点就出不来，或者只讲究毛笔在宣纸上的味道，但是却把人物的味道忽视了。

人物的味道要出来，首先是造型问题。所以这个造型问题不解决，对人物画的影响，特别是现代人物画的影响，我觉得是致命性的。

所以我一直坚持一个观点，认为人物画一定要把造型放在第一位。我们如果在笔墨上跟山水、花鸟谈高低，我们永远处在下风，因为他们比我们自由得多。山水画家闭着眼睛都可以画两块石头来，但我们人物画家差一点都不行，差一点就差很远。所以，我觉得我们人物画造型是第一位的。张老师的画之所以立得住，恰恰抓住了人物画根本性的问题，就是造型的问题。

但是这个造型问题有两个方面，一方面张老师的画造型的规律解决了，他能够写实，能够很严谨，另一方面造型不是要扣死的，他也能够潇洒自如。他给一些老画家画的肖像非常好，我们现在的老画家还能画出这样的肖像画作品来，值得我们年轻人去研究，好好向老先生学习。

我们最近接受了中国文联和总工会的任务，要画劳动模范，要画新中国建国以来60个劳动模范，3张油画和3张国画。你画的这个人物，像王进喜等这些人，要人家一眼就能看出来就是这个人。所以像是第一位的。所以有些人说，画人物画像不像无所谓了，其实我觉得像是第一位的。我们看张老师画的老画家的像，我看个个像，个个神似。这个像不仅是呆板的像，而且是神似，这个非常不容易。所以在一点上，我觉得张老师值得我们学习，值得我们研究。这是第一。

第二,张老师的探索精神。他刚才说了,他画大上海的人物,就不能用画彝族乡下的语言,他更喜欢大笔挥写的笔法,而且用了很漂亮的颜色。这种色块、墨块相互交融,线条和色墨大块相互交织在一起,构成了他画的特有的现代气息。这种现代气息在表现人物的服饰上起到了一个相得益彰的艺术的表现作用,所以我觉得他的探索是成功的,同时,从他的探索当中我们可以看到现在人物画发展的路子是多样化的,可以这样,也可以那样。其中张老师就给我们作出了一个杰出的榜样。

我看到画以后就说这些,谢谢。

毛建波:感谢吴老师,作为人物画家,他对人物画家惺惺相惜的一种解读,也是他自己一生的绘画经验的感受。我们现在换个角度,刚才吴老师讲到在座的有山水画家,中国美术学院国画系的副主任张谷旻教授,请他以山水画家的身份也来作个解读。

张谷旻:我抱着学习的态度,张先生从年龄上是我的师长辈。看你的画比你弟弟的少,培成老师,他的作品见得比较多。因为上海跟杭州两地交流基础还是比较多,这几年大家都比较了解,包括学生都有。

今天我看了张老师的画,我觉得这一点不愧是学院出来的,因为学院出来就像刚才吴宪生老师讲的,特别注重造型这一块。因为学院有这些课程,像写生课,学生有时候老师如果画不像,或者一个老师画得很松散的话,说服力就会差,当然他带的学生会走到另外一种路子上去。

《水墨人物写生》 136cm×68cm 2010 年

我今天还是抱着一种学习的态度,从我山水专业来讲,我的观点跟吴老师有点不一样。如果造型第一,照相机就够了,当然人物有它的特性,像画劳模,总工会是要求要画得像,这是有一种特殊要求的。的的确确你说造型严谨,或者经过造型训练的一些人物画家的确可以做到,而且我也看了你的这些作品,总的来讲你的这些效果蛮好的,因为它是一个单独的人像。

实际上,刚才吴老师也讲了,人物画的表现现在是多元的,就是说,像了之后,像不是目的。所以像张老师他的作品里面基本上有两类,一类就是很严谨,好像一些人物肖像,如画你弟弟的那一张画得特别神似,还有厚度,但是它一点不拘泥。就是说笔墨不能那么的纠结,因为有时候我们看这种东西看多了就觉得笔墨很糟糕,看上去不是欣赏,就是在抠,我觉得这个很难。型又准,笔墨又很轻松,做到相当难。

还有一类就是课堂练习,相对来讲放松一点。还有一类他更放松了,是小品类的,是一种自己随意发挥的,他更多的注重于水墨。不知道对不对,他很喜欢用水墨的

《水墨人物写生》 1981年

《水墨人物写生》 1981年

方法，表现的是不是那个样子，我觉得不重要，但是他有这种审美的追求。因为我觉得从宋代就有这种大泼墨的画法，到了后来没有了，现在也有很放的那种。但是我觉得他很重造型。有这点也无所谓，因为有那么好的造型能力，我觉得完全可以更自由一点。因为人物画它的功能就是多样的，一个是社会功能，就像吴老师讲到的，画画劳动模范，这是一种宣传的功能，宣传劳模。还有一种功能，自己想要表达的东西，更重要的是，实际上好多人物画家都跨不过去，包括我同学他们也是，现在都在画山水，他们觉得年纪越大，画人物画有一点难，这个型要过去，他觉得画画山水太自由了，笔墨可以随意地施展。

实际上人物画这种东西还是可以施展的，当然难度是多的。他们总觉得山水很简单，画到山水很轻松，实际上我们看看也不是这样的。因为真要跨到山水没那么容易的，山水的表现力也是很厉害的，不是行不行的问题、像不像的问题。我觉得他有好多笔墨并不矛盾，我觉得张老师的绘画就有这么多可能性，这一点对我来讲也是有所启发的，我也能从中学到一些东西。谢谢大家！

舒士俊：刚才浙江的中国美术学院的两位博士生导师的发言让给我很受益。给上海的画家补充介绍一下，我们研讨会的主持毛建波先生是中国美院研究生处处长，也是浙江非常重要的一位全国有名的美术评论家。

恒庐美术馆从它一开始的恒庐讲堂就一直是由毛建波先生参与学术主持，它在中国美院边上，在学术上有这么密切的关系，所以我们今天这个展览在这里做，它对于学术上有它的要求，有它的做法。

刚才我们听了两位中国美院的博士生导师的发言。我觉得他们的发言，当然观点有所不同，吴先生更重视造型，张先生更重笔墨。这个当然见仁见智，各人的看法不一样。

接下来，穿插一下，我们请上海来的一些朋友发言。因为这次上海来的，可能都是一些张老师画画的同道，包括他的弟弟张培成，都是本身在绘画实践上有心得的，所以听他们谈谈。

接下来先有请王劼音先生发言。

王劼音：刚才大家讲浙江跟上海的交流，这种文化上的互通，我想我本人也是一个例子。因为我是从浙美附中出来的，我是1956年到附中，完了再到上海念书，是一个很混的人物。

张老师我跟他也很熟，我们老朋友，我很佩服他一点，我跟前面两位先生有不同的角度。前面吴宪生老师讲他的造型，张老师是讲他的水墨，我觉得他这个人很"固执",我是讲这一点。不管吹什么风,现在都是讲创新、变形,有时一个人坐不住要去搞抽象画,张培础老师他就不管,不管外面什么事情,他就钻他的东西,钻在里面搞国画人物搞了几十年,我蛮佩服这一点。我自己有一点体会,前一阵子,可以说改革开放到现在创新风刮得很厉害,很多人被创新风刮得有点沉不下心来。我有些朋友,他造型功夫很好,比如说油画家油画画的很好,他一看这个油画不对了,要搞创新了,明天搞抽象画了。其实他搞抽象画也是不行的,他是假的。

我考虑这个问题,每个人都要走自己的路,我觉得一定不能根据这个刮什么风走什么路,还是要想办法走自己的路,这样比较好一点。

我想张培础老师做到了这一点,他很坚持自己的那块东西。刚才张培成在发言的时候讲到这一点,我觉得这点很不容易。

他这样走下来以后,他的水墨人物画有很强的海派的味道。说老实话,我对张培础的美女画不是很喜欢的。我觉得你干吗画这些大美人,不要太美吧,不要太漂亮吧。但是反过来又想,他这样画反而也有海派文化的特点,而且比如当代艺术有些也是很讲艳俗文化,美到家也是一种品格。我现在对张培础老师的画,看法上有点改变,我觉得他这个路子可以走下去,可以走出一番天地来。

这就是我想到的几点,谢谢大家!

舒士俊:张培础老师的一帮老同学、老朋友,他们每个星期三在一起探讨水墨的创作。今天到这个展览现场的还有张培础先生的弟弟张培成,他是一位在国内有相当知名度的画家,而他的画风跟哥哥又是两个道,所以听他来谈谈他对他哥哥的认识,我觉得我们肯定会很受益。

张培成:作为弟弟说哥哥的画很难说,我画画是我哥哥引上路的。当时我初中的时候他当兵去了,因为他是在上大国画系所以我也莫名其妙也画上了国画。当时家里经济比较拮据,他的好多习作都留了给我,边上空掉的地方给我裁下来画掉了。

但是他也给了我一个坐标。他当时到部队以后,曾在解放军三届美展获了一个优秀奖,海军唯一的中国画奖。他当时才20岁,这个让我就有了一个坐标,我身边也有一个很有成就的画家,这个是他给我的一个可以摸得着的坐标。

所以在画画的路上,他一直是我的骄傲,我中学的时候我有些同学都看我哥哥的画画。这个是跟讨论没什么关系的事情。

刚才在开幕式的时候我说了,确实我们两个人走的路不是一条路,但是我们起点是一样的。刚才讲到浙江和上海的关系。其实小时候我们都是没有方增先教过的

《水墨人物写生》 120cm×68cm 2010年

《水墨人物写生》 120cm×68cm 2004年

《水墨人物写生》 136cm×68cm 2012年

方增先的学生，我们学画都是从方增先白封面的一本《怎样画水墨人物画》开始的，是后来"文革"的时候出了一本绿封面的，就是看这本书，每次碰到方老师我就说，我们都是看那本书画画的。我哥哥画册里面的习作基本上就是跟浙江完全是一路的。刚才我跟大家也在讨论，我虽然在中央美院上过学，我觉得国画的正路还是在这里（浙江）。刚才吴宪生老师讲到笔墨的事情，我觉得无论笔墨还是造型，任何一种绘画总是有一定的造型和语言所构成的，它不一定有偏废。我觉得我哥的画里面，一个刚刚王劼音老师说的，他觉得他很坚定，王老师用了一个"固执"，我觉得其实艺术家真的要有点固执的。只有你固执了，你真的把你的情感投入进去，你想这样表达，你坚定地走下去，那么这个世界，这个艺术世界就会丰富多彩。

现在我们往往都是自己不坚定，看风向，今天流行当代了，当代要这样画了，现在风向好像是画水墨画，颜色不涂了，都是用淡淡的墨，我也这样来。结果你是见效了，很见效，立竿见影，但是我想这个肯定不是一条很正确的路。因为你不是用你的情感，用你的脑子在想，你是在窥测方向。

我哥哥这个不容易，这些年的天下，从八五新潮到现在，各种各样的事情都有，他非常坚定。我跟他没怎么讨论过，1994年我们两个一起到德国办展览，在德国待了两个月，我们谈到过好多画的问题，每天两个人面对面，肯定会说的。他坚定是比较坚定的，他是这样。我觉得你是否就非这样画不可，我倒不是觉得这样画不对，我觉得是不是可以讨论一下，在宣纸上面这个材料不可逆，不可做减法，只能做加法，完全要画写实的。我觉得像是在走钢丝，在钢丝上面跳舞，我想还不如走到地下面来跳舞不是可以更加自由一点？我的想法是这样的，我们交换过想法，他比较坚持的。但是我后来想想，我觉得其实也是，钢丝上面跳舞是不容易的，平地上面跳舞大家都能跳，比较容易一点。

我记得我第一次看冰上舞蹈是"文革"时期接触的。我第一次看非常震撼，在这么滑的冰上展示这么快的舞姿。大写意就是欣赏这么一种非常有难度的、让你感觉举重若轻的这种美，也是一种技巧吧，我觉得也是非常有意义的。

但是，在这里我也想说，比如说这些画里面，有一些我是特别喜欢，有一些我不是很喜欢。这个里面我觉得因为我哥哥是比较感性的，他画画，拿了笔就在纸上噼里啪啦画。我觉得有的时候他应稍微理性一点，画面就更对了。比如说我很喜欢他走进来的第一张，那张人体，边上有块黑的，脸是平的，身上稍微有点光。但是他整个墨色，他的音阶跳跃不高的，最多1、2、3里面。有好几张这样的画，我觉得都很好。其实我觉得在画的时候，应该已经是释放了。为什么呢？我自己分析，宣纸上面画画有件很难的事情，就是在白的上面画画。所以他们油画家画的时候，通常不喜欢在一张白布上画,而会做好多底子,然后会非常丰富。你在白的上面画,这个墨色是不是要黑到那么黑,说不定淡淡的,跟那个底子,跟那个白色的关系相处得会更加融洽。这个在画的时候是可以考虑的一个问题,可以更细一点,想想是不是一定要蘸那么浓的墨。

还有一种造型,写实没有问题,如果都是画变形的画,这个世界又太单调了。要走极端,我觉得风格其实是极端的,刚才王劼音老师说的艳俗这个问题,你如果画得不太艳俗它就艳俗了,你如果画得非常艳俗,它就不艳俗了。我觉得就干脆画得非常艳俗,这是个很了不起的风格。我借这个研讨会,跟我哥哥交换一下本来我们两个人交换的意见。

毛建波:谢谢!

王老师讲到张老师比较固执,其实艺术家都是固执的,大家的个人面貌也好,大家各自的风格也好,走到一种极致才能出现。张培础老师所说的我也赞成,这种风格形成以后,能够进一步推敲,让它走到更极致一些。

下面我们想请浙江的三位理论家作发言,第一位有请潘天寿纪念馆的原馆长卢炘教授作发言。

卢炘:今天真的非常高兴,如果范达明不跟我讲,差点错过这个机会,因为我原来不知道是谁。张培础先生我知道的,他们是太仓两兄弟,太仓搞活动,我还给你们集体展览写过一点东西的。他的作品原作没看过,但是电子文本是看过的,当时就很喜欢的。

对我来讲,跟人物画也有点关联,就是我们在2005年的时候搞过一次大的关于浙派人物画的展览,出过浙派人物画的文献集,二位元老,出过一本很厚的书。当时我们方先生跟顾老师和宋先生都做了访谈的,所以那本书里面有他们回忆他们自己见解的东西。

在这里,因为浙派人物画从学方面来讲,潘天寿先生是有起步作用的,实际是有指导的,这方面我就顺着潘天寿研究下来。我刚才说浙派人物画是有中国画的特点的,潘老是主张特色人物的,中国画要像中国画的,要有线条。浙派人物画遵循了潘先生的路子。江浙的联系一直都很紧密的,尤其是方老师到了上海美术馆当馆长以后更加紧密了。看张培础先生的画,我只说一个字——"活"。他画的就是现在的人,这个活是有艺术性的,不是照片,照片没他这个活。我看他的作品很活,这一点不管是画美女还是画其他人物都很活。

《水墨人物写生》136cm×68cm 2000年

《水墨人物写生》120cm×68cm 2005年

107

《水墨人物写生》 136cm×68cm 2008年

浙派人物画前期是写实，相对来讲受素描影响有点拘谨的，所以潘先生说放开。后来在研究周昌谷的时候，认为他从浙派人物画前期的写实转到写意。当然浙派人物画主要是三位写意画家，但他这里面从写生到写意的发挥，周先生是走得远一点，相对而言方增先的画更像一点。这个"像"，吴宪生是方老师的得意门生了，的确是画得很像。但是我感觉艺术这样东西，实际上他们这个"像"，就是艺术的成分扣到什么程度，加进去多少种，所以山水画家说要笔墨，人物画也要加笔墨，也要加中国的特色，把这两个特色发挥出来，一放到世界上去就跟人家拉开了。

我感觉到张培础先生的画，他在往这个方向走，我认为这个路子还是蛮好的。刚才吴山明老师讲新风吹进来了，我也有这个感觉。因为他画的是我们现代的生活，现代的生活用老的笔墨来表现，一般很难表现的。方增先跟周老师，他们的笔墨中也有很多前人没有的东西，如果都像素描了，人家说你又像西画的。张培础先生的画是中国画，我们一看，这个路子是很正的，也很准。他这个"像"里面包括艺术的像，不光是照片的像。艺术这个像很难，现在我看有些年轻人，要跟前人不一样，但太过了，有时候把形体都抛开，完全面目不一样，跳出来，谈何容易？大家认可的，要看得下去，挂在房间里，人家都说好才行的。有的画挂在房间里，你怎么挂了这么一张画，他嘴里不说但感觉你主人的审美是不行的。但是张先生的画挂在家里人家不会说的。

这种东西里面，我对他研究不是很深，但是我认为笔墨是在发展的，他用了很多自己的体会去做。这个就很好，画画不是纯粹的内容，到最后是要形式来表现的。你有艺术语言的东西就留下来了，我们现在一年级的学生都画得蛮像的，当然要传神，要从另外的要求来讲是达不到的。

我感觉到张培础先生他是对人很理解：这个人就是一个女的，我们可以看到她的内心，看到她的生活，这个人在什么样的场合是怎么讲话的，它就是活的。艺术是这样的话，大家就会真的喜欢，这样的东西我就会去买，不是他名气大了喜欢他，而是感觉到我收藏了很舒服。

因为现在有些展览来说不是很让人理解，但是它很新，没有人敢说他不好，因为艺术本身怎样都是可以的。相对来说他这种雅俗共赏，平了点，实际上艺术是要雅俗共赏的。我在想，我儿子、媳妇也是搞人物画的，他们也专门跟我讲，说人物画跟山水画不一样，人物画的要求不一样，如果说都要大画，如果说像他这样子搭配非常不容易的。我想也是的，所以每个人都在探索。

我现在再讲一件事情。我搞过周昌谷专集，他捐了五十几张画。其中到北京去跟潘公凯聊的时候，他跟我说，卢炘你能不能编一个中国人物画这几十年来的一个从现代中国人物画、当代中国人物画角度出发，张先生他没有顾及，他就是拿笔墨工具，尊重对象，尊重对象的神采，也尊重对象的形。你说山水画，中国画有各种画法，不管用什么方法，用皴法还是点法，但是山总还是得画得像山，水感觉是要流动的，还是有共同性的。因为山画高一点，或低一点问题不大，但是人的区别相貌在五官，你稍微不一样，人就不一样。

所以刚才讲到一个，有一个全国的总工会创作，实际上是肖像创作。肖是什么意思，就是要准确地把对象的特征画出来。如果肖像画你画的是毛主席、周恩来，你画得不像，那肯定不行。所以这里头确实有一个肖像画是一个真人像，必须要有像的程度，但是这个像的程度，不是照片的像。

反过来，最近有一些工笔画家，把人物画得几乎有点接近油画，最近也有一些画家在尝试利用工笔画来画。反过来我觉得中国的工笔画有一种可能性，甚至我们现在强调的是一个实力派的油画家，画得跟油画一样。

所以未来的发展，中国画意笔人物画还是要人的本质。人物画研究人是第一位的，人物没有研究，无非只是用中国画的笔墨工具材料画画。人最主要还是有一个精神状态，所以以形写神也好，以像举意也好，不管怎么说，人的精气神实际上是借助于造型。如果没有造型，这个神也没有依附，意境怎么表现？画面的意境也好，精神状态也好，都是在人的，画面上的对象，这个画面的造型，通过这个形来表现的。

所以潘天寿有一句话，写形即写神，讲到了这个问题。他实际上是形神一体，他不是只有某一方面。把这个形很准确地画出来，一讲准确，人们认为又是不对了，又是照片了，其实不是这个意思。因为形把握它真正的本质，艺术的真实，才能在艺术上可以把它的神采表现出来。

张先生的画我看了很有启发，他早期 70 年代的画确实比较像浙派的方增先这种人物画的格调。最近新世纪以来，他的画更加奔放。总的来说，我觉得他是不受某些程法的束缚，他非常自由。他这个造型，把握对象的能力非常强，所以他闭着眼睛也可以画，人物的结构，人物的脸部跟身体，衣服，以及人物跟环境的关系都可以处理好。

如果我们让两个模特站在旁边，是不是跟模特还有什么，那个我们不管它，但是从画面本身来说，他能够达到相对的完整。

你画的那七个画家，也是上海画坛的七个艺术家，我看你还画了扬州八怪，这两组人物画，说明你对对象把握得很准确。这批画，非常生动，说是海派风也可以，跟浙派的人物画有不一样的地方。比如说吴山明老师，他用宿墨特定的语言来画，也跟自己原来的风格不一样。

《水墨人物写生》 136cm×68cm 2006 年

《水墨人物写生》 110cm×68cm 2005 年

《水墨人物写生》 136cm×68cm 2001年

在座的像吴宪生先生，他的画是比较严谨的。我看到最近几幅画我很感动，画得非常精彩，潇洒的程度跟张先生可以比，但是表现方法不一样。张先生你也吸收了西洋的一些技巧，包括五六十年代进来的一些新画报的插图，有时候也染一些淡墨，所以是多渠道吸收，只要为你的画面服务。这样也就突破了传统的束缚，包括五六十年代浙派的方法，所以你达到了一种新的面貌。谢谢！

毛建波：下面有请王源老师发言。

王源：今天倒是很巧，跟张培础发生一个关系，就是我写这个稿子的时候，一开始拍卖的成交单。

应该说大家刚才对张老师的评价面很多，一个优秀角色，大家有不同的解读。从展览的题目来讲，墨缘都市，在语言里面有几位先生也谈到了，你有一个都市大写意的特征出来。实际上从中国目前来说，从事这样一个题材的创作，达到您这个水准的也比较少。

一方面是难度，另一方面也和中国当代城市化进程有关。中国像上海这样的国际化的当代大都市毕竟还是少的，我们学历史的，西安是大城，但是那时候还是一个农村经济为主的环境，现在已经走向了一个国际化进程，其实目前来讲还是以工业道路为代表的。从这点来讲，上海这个城市独特的东西，还有它的工业化历程，比如讲在虹桥、外滩，这个在江南是没有的。在这一点上张老师是优秀的。你虽然今年已经70岁了，观察和表现的很高，这是都市人物画最大的风险，画得不小心会成为时装人物画。包括我们在当下看人物画，有一次给尉晓榕写文章谈到了这一点。

从海派这样一个独立体系的人物画来讲，张老师有一个东西，就是笔性，实际上海派有些画家，笔的程度太高，带一个焦墨比较多。在全国都可以看到这类作品，但是您的作品中笔能够通过水和墨连接起来，形成一种关系。同时，在这里看到的很多画给我印象很深。实际上因为您和中国美院的吴山明老师在年龄段上是一辈的，我在大概六年前，重大题材的时候，看到刘国辉画的一张大画，其中一个女的画像，刘老师对他自己的这一根线条，一气呵成，当然里面有变化，既能够扎实地造型，同时在线条的转折上，用浓墨、淡墨，包括虚实，能够把手部的动态完整地表达出来。所以这点上难度很大。我倒不是反对卢炘老师的观点，我觉得这种高难度的动作没几个可以完成的。另外一个，我觉得您这个时代，实际上也都在这几年吧，在力求形成一种新的局面，包括构成也是，但不要跟整体的服饰、环境脱节。早期的人物画刻画也很细，在整体的服饰上有时候还没有达到得心应手的境界，所以容易显得油腻，没有这么舒服。

这次看了您的作品以后，因为上海跟浙江地域比较近，沟通也比较多。从人物画发展到今天，我也有一些个人的感受，我们要选择一个道路，但是方向到底怎么样，能够走多远，我们在选择的时候是看不到的。但是我们会选择标杆，中国有几个国画人物画，通过政府、种种的因素，当初可能像北派的这些，像黄胄，在这一段大家做的就是人物画的探讨。走到今天，慢慢我们现在可能会保持一个心态，当年艺术的选择是带着二元归一，非黑即白，现在黑、白、灰都有。现在这个空间允许画家在创作上广泛地选取不同的样式，不受一种手法的限制。有一次吴山明谈到老师吴冠中，说他是纯粹中国画有点问题，但是他的整个思维方式跟中国画是不一样的。从这个来讲，我觉得张老师最难得的是在这个年龄段还能够保持这样一种青春跟活力。如果这个展览会有一些问题，这个是你下一步画得更好的前提；如果这一次展览没问题，就没法画画了。我就讲这些，谢谢！

舒士俊：刚才浙江的三位评论家，他们从对艺术作品的观察、评论这个角度，发表了他们很好的意见。接下来我想请上海的一位画戏剧人物画的画家，他在朱屺瞻艺术馆担任艺术总监，操办了很多展览，包括新水墨展览，所以他眼光跟一般的画家不一样，我们有请他发言。

陈九：非常高兴参加张培础在杭州的展览和研讨会，我是作为张老师的学生辈来参加这么一个展览的，而且刚才听了各位老师的，包括评论家的评价和一些意见和建议，有些老师我还是比较赞成的。因为我觉得非常可贵的是，大家能在一起，而且上海的艺术家，包括张老师水墨缘的一些同仁，和中国美院的一些老师和朋友进行这样的对话，看起来好像是围绕张老师个案进行一些对话、研讨，我觉得也体现了这两个地区在艺术方面的一些看法。

张老师是我一直很敬重的一位老师，他曾经在戏剧学院任教的时候也带过我。当时带我的老师有两位，一位是油画老师陈钧德，国画就是张培础老师。我觉得非常有意思的就是，陈老师是画油画的，从陈老师身上学到了很多国画这方面写意的精神，而从张老师身上，我觉得从两个方面学到很多东西，而且特别是他对形的把握，包括在掌握形的这个绘画过程中，保持水墨的中国画意味，非常地精妙。包括今天我们看到的画，大家对他的评价，我都很赞同，包括吴老师说的更多的是这种灵动，中国水墨的魅力。而且他的那种淡墨，那么有表现力，这对我影响非常深。

当下很多我们看到的人物画，特别是最近的新人物画拓展以后，包括市场非常

《水墨人物写生》 136cm×68cm 2000年

《水墨人物写生》 136cm×68cm 2005年

推崇的，我觉得很多能够像张老师这种。我刚才看了一下，大家应该也有感受的，他40年艺术的实践，也是中国现在水墨的一个缩影。我们可以看到他的一个整个过程，从这些画里面我们可以看到，对我们来说不仅是一个简单的学习。因为我在业美术馆从业已经十多年了，特别有感受。很多艺术家多不是从他艺术真切的感受去表现他的艺术，可能很多是因为市场的因素，更多强调自己语言的冲击力，因此形成了很多这方面的风气。而张老师的那种年纪，包括他这种始终如一的艺术创作是很可贵的精神，对我印象非常深。

今天我们来到这里，他所展现的那么多艺术作品，让我们感受他对到艺术的执着，我看他的经历，从一个部队的战士，到一个工人，然后到一个教师，整个一个艺术的过程，也让我们看到一个艺术家的历程。

另外非常可贵的就是，他退休以后能够在他身边不但有很多学生一直跟随着，而且他还能有一种集聚力。我们说的七君子，这几个都是重量级的海派优秀的艺术家，而且他以他的人格魅力把大家聚在一起，每个星期三大家聚在一起，组成了这么一个民间的艺术团体，大家探讨艺术。《水墨缘》这个杂志，常常把这个过程，他们学术的一些实践传播给大家。张培础老师，我一直远观着他的实践，也给我很多的帮助，所以非常感谢！

舒士俊：刚才我们请了一些画家、理论家，谈他们对张培础老师画的看法、评介。接下来我想从另一个角度，请一位年轻画家，他身份比较特别，一个他是张老师的学生，另外一个，他是上海《书与画》杂志新任的执行副主编。他跟张老师之间有很长时间的师生情谊，他现在全面从事《书与画》的编辑工作，正好借这个机会，我想在座的画家、评论家也很多，大家熟悉一下，然后听听他从他的角度对张老师画的看法。

邵仄炯：各位老师、各位前辈，下午好！非常高兴有机会来参加张老师这样一个展览，我自我介绍一下：我是上海书画出版社的编辑，这个杂志有30多年的历史了，在原来的基础上有所变化，但是它的宗旨还是在普及传统书画艺术，是这样一个普及性的读物，是全国发行的。

张老师是我本科的师长，我在学校开始的时候也是画人物画的。在学校里上的人物写生课上，张老师给我很多的关心和教导，在毕业的时候我绘画的方向慢慢从人物转向了山水，但是张老师也是非常鼓励我，每次的活动、展览都乐意叫我们去参与，积极推动我们去参与。十多年前，应该是2003年，水墨缘成立了，我也算是

《水墨人物写生》 125cm×68cm 2002年

第一批的聚集在张老师身边的一个水墨缘组织的成员，也有十多年的时间了。张老师花了非常多的心血，也非常乐意主动地为大家做各种各样的服务。这个十年的一个团体，把上海的中青年画家都聚集在一起，我们开展了很多的活动，也拿出了大家各具特色的作品。

这样一个组织有一点非常好，张老师和大家实际上是亦师亦友的关系，他也没有架子，做事情非常仔细和认真，而且是亲力亲为的。这次上海入选十二届全国美展，很大一部分都是在水墨缘画家当中产生的，张老师也感到这件事情是比较自豪的。

我主要从事山水画，张老师对我学习上很关心，也蛮认可我。虽然我不画人物画，张老师也给我说过几次，觉得我人物画在大学里画得还行，还是有基础的，但是他也尊重我们自己的发展道路。这个让我感觉非常轻松和自然，在这样一个组织的周围，能够活动，能够参与，我觉得是非常高兴的一件事情。

《水墨人物写生》 120cm×68cm 2008年

实际上张老师给我的一个感觉，他的画中有一种，特别是中国文人画家非常好的东西，就是他有一种自娱的状态。这个是西方艺术里面比较缺少的，是一种文人画家自娱的、放松的和发自内心情感状态的修养。从张老师的作品中可以看到，他借助于人物，把他情感的东西、笔墨的东西，非常自由地在画面上挥洒。他画画我觉得没有一点功利，就像他搞水墨缘这样一个组织一样，没有任何功利性和目的性，所以这个事情可以做得非常长久，也可以做得非常圆满。

我觉得上海这样一个大都市，现在艺术品商业化的程度非常严重，画画功利性的目的还是比较强的。我觉得张老师身上一种自娱状态，不管是他自己在学校教学，参加展览，还是鼓励我们参加任何展览，他觉得拿出自己好的作品来展示，是学术上的促进，没有任何名利和功利的想法。这样一个组织，这样一个环境，对我们每个青年的成长是非常有意义的。

就说这些，谢谢！

舒士俊：今天因为上海来了不少朋友，待会要赶回去。席总跟我说，他们这里中国美院的中国画系的主任，也是画人物的，他也是全国美协艺委会的委员，就是尉晓榕。因为开幕式的时候他没空，刚才去看了展览，待会吃饭的时候我们会碰到。

接下来，因为时间有限，不可能每个人都点到。如果有谁想说几句，就主动提出来，我们请你说几句。

邓明：在太仓我做了一个发言，本想今天可以不说，但是听了各位的发言以后，我感觉还是想说一点，说一点不同的话。

《水墨人物写生》 136cm×68cm 2000年

《水墨人物写生》 136cm×68cm 2002年

我跟张培础先生认识非常早，我们1972年一起画连环画，后来这个连环画没出。

我看了他的画，了解他的人，我感觉有一点非说不可——他的画是发自内心，为内心所驱来画的。这一点非常重要。

如果把王进喜作为我们民族的一个英雄，作为正能量的历史，从内心感觉想去画，那就不是宣传，写得是内心需要去写的。如果没有这个想法，领导安排你去做了去画了那就是宣传。

张先生的画都是生活当中所赞美的，所欣赏的，所熟悉的，是在不表达不快乐的这种状态下画的。刚才潘天寿艺术馆的前馆长说起他画的七君子如何如何好，也说到了扬州八怪，我可以坦率地讲，我觉得他的扬州八怪是不成功的，他对他们的生活不了解，对他们的感情不了解。所以画这个扬州八怪和七君子不一样。这就说明他有内心的需求，有生活的积累，有创作的激情，才能画出来这么好的东西。

这是刚才大家没讲到的，我想讲一下。

第二个，我想讲一下张培础先生的画，还有一些可以提高的空间。我们说都市人物画这是一个新的特点，几千年，或者说几百年来，或者说几十年来，尤其是最近几十天下，我们中国画界在做这件事情，大家都有自己的一点贡献，我认为张培础也在这个历史长河当中扮演了一个角色。但是要形成关于都市人物画的一种新的语言，不提炼是不行的。所以，在太仓的发言当中我提到，如果张先生能够在不同感情，不同想法，过程当中再加上一些理性的东西，我认为他的画会更上一层楼，我也建议这么好的笔墨，他应该考虑画一些比较大的叙事性的东西，这样的话，他可以在我们当代人物画的实践当中可以扮演一个更加重要的角色。谢谢！

毛建波：诸位，只能套用一句"时间都去哪儿了"，各位专家从不同的角度对张先生的人生艺术作了一个总结。

刚才看培础先生的兄弟张培成的文章中讲到了张先生70岁的时候，是对60岁的一个突破跟飞跃，希望他的哥哥80岁的时候又有一个更大的飞跃。我们前面讲过，现在确实70不是古来稀的，是"70后"的概念。所以无论是身体和艺术都有一个很大的发展空间，我们也希望像他弟弟所希望的，张培础老师在80岁的时候，刚才大家讲到希望他突破和发展的方面，有更大的突破。但是，这种突破我想还是他自己经过消化，经过自己的理解以后前进。并不是说他们提的每一点设想，都把它糅和起来。一个艺术家就像王劼音开始提到的，要固执、要一意孤行、他认准一点以后、能够往这一点更深入地发展下去。

感谢诸位的参与，谢谢！

《水墨人物写生》 136cm×68cm 2002年

张培础：我再说两句，也没什么好说的，主要是谢谢大家参加我的展览，包括研讨会，谢谢大家对我的鼓励！也谢谢大家在研讨会上对我说的许多诚恳有益的建议，我以后尽量在这些方面争取去做好。谢谢大家！

《蕉荫》 45cm×54cm 2008年

《罗步臻画册》序

张培础

"墨缘七老"之罗步臻

和罗步臻先生匈牙利留影

在中国绘画中，山水画可谓是最能体现中国画精神意念和形式特征的一种表现形式。且不论它所承载的深厚历史文化底蕴，就以它独特的造型法则、形式构成、表现手法和绘画理念，理所当然地和以西洋绘画为代表的各种体系拉开距离。当欧洲绘画还处于中世纪基督教艺术油画的初创期，同一时段的中国山水画已走过盛唐，到达炉火纯青的宋元巅峰。从范宽、倪瓒、王蒙到石涛、八大，一路走来，山水画已成为中国文人精神境界的象征和寄托，是文人画家从自身出发寄情自然造化的精神解读。如果说早期的山水画崇尚以形写神为主要表现理念，时至今朝，已超越表像的写形、写实，融贯升华至唯美的笔墨意念。造型只是借题发挥，以释放胸中逸气，这已成为一些当代水墨写意画家彰显个性的艺术追求。沪上众多的山水画家中，罗步臻先生的写意水墨山水还是颇具新海派水墨的特征，正受到关注。

步臻兄是我同龄同道的挚友，又同为海上山水名家应野平老师门下弟子。岁月蹉跎，光阴30余年间，我们一同年轻，又一同变老。尽管他擅长山水，我钟情人物，似乎不在同一圈内，但总是互动地关注着各自的水墨天地。如今，花甲之后的解甲归田，我们又聚在水墨缘工作室的"水墨星期三"沙龙活动中，相交更密，已有三年多的光景。如果说30多年来我们是好友，今天的我们可称之为密友，彼此更加了解。步臻兄对水墨艺术的执着，早已耳闻目睹，今天更有体会，他大"运动量"的"水墨运动"常让我自叹不如。每每两三个星期，他就会带上粗长的一卷画作来到沙龙活动，让我们饱餐品尝。在他家中，自制自绘超大精装册页（打开将近四尺整张），堆积高度足在一米之上，还有各种手卷、立轴、速写……作品积累的可观程度在海上画家之中是不多见的。更可贵的是，罗兄艺术上永不满足现状的创新追求，随着年龄的增长愈演愈烈。当有些老画家因年事增高而自然结壳之时，罗兄却在不断地脱壳，勇于否定自我，求新求变。这一切得益于早年扎实的笔墨功底和天然的笔性感悟，厚积薄发，去开拓新的水墨天地。

早在30多年前，步臻兄就以传统中国画坛的拜师仪式（焚香点烛、三跪九叩，并有唐云、陆俨少诸前辈在座见证）成为应野平先生的入室弟子，在应先生众多弟子中属拔萃的高足之列。应先生在注重山水画现实写生中有独到的特色和成就，步臻兄几十年来接过先生的衣钵，重视对生活和自然的感悟。即使如今花甲之后每年还频频去名山大川采风，每次带回大量的速写、册页，作为创作的素材。从速写到作品，他的画风更趋向于自身对山水景物的意念表达和中国水墨的悟性把握，此时的场景只是对景物意境的个性解读和凌驾于形神之间的叙述。拜读罗兄的书画作品总会感受到一股豪放清新的逸气，清纯中透出浑厚，洒脱中凝聚质朴，稚拙中显现灵秀，简约中包容天地，摆脱了对场景的刻意描摹，更醉心用笔墨抒发内心对生活、生命、自然的悟道，拓展了观者想像的空间，呈现出一种博大的情怀。在表现上，近年的作品中，线条、墨韵、点子，这些貌似传统的表现元素已演绎为似是而非的抽象元素，融汇了水、墨、纸、笔的各种特性、特质，用融现代意念又不失笔墨精髓的手法来展示东方表现主义的情趣之美，在新海派山水中不失为一种独到的个性张扬。

除了绘画，步臻的书道足以与之平分秋色。我喜爱的程度绝不在他的画下。写字是他雷打不动的日课，如同吃饭睡觉。书画本同源。作为画家，书法对于笔性的锻造、笔意的掌控绝对是功不可没的。相对书家的字，我更青睐画家的书法。画家的字更趋于灵动和变幻，更饱含韵味、气势和张力，如同一张表情丰富的脸。书法也是有表情的，与其有一张漂亮却单调、刻板、严肃的脸，倒不如去感受一个普通人个性飞扬、洋溢轻松自然本色的笑脸。画家书法往往不一味描摹碑帖，计较点、划、撇、捺，而更注重整体的架构经营和精神气息的视觉传达。当书法作为艺术的一个门类，其中文字意义的表述已成为附属的功能。作为造型艺术，中国文字是一种独特的形式符号，某种程度上更可作为抽象艺术的一种流派。审美的亮点是整体图式的形式美和点线笔划所蕴含的笔墨意韵。这和水墨绘画的欣赏角度应是一脉相承的。步臻兄所以特别钟情宾虹先生书写的尺牍、书简，正是迷醉于那种字里行间坦然流露的笔意和气息，恰是一种文人气质品格的自然生发，妙在只可意会难以言传。这种境界的到达无疑将是毕生的修炼和追求。本人不擅书法，岂敢奢论书道长短，只是从画家及观者的角度谈及对书法的认知，而这均来自对步臻兄书法作品的某种启迪，也算是一家之言。

承蒙步臻兄之邀，让我这不擅笔耕的朋友作序，实是荣幸之至又诚惶诚恐。但罗兄此画集的出版于他乃是大事，是他大半生水墨艺术生涯的汇聚和总结，理应表示祝贺。我也乘此机会梳理对他艺术上的认识和观感。本来朋友之间当面从不会叙说这类溢美之词，但既然成文成章，也就实话实说，谁叫我们是朋友呢？

罗步臻先生水墨山水作品

"水墨星期三"沙龙活动，欣赏罗先生作品

《周古天画册》序

张培础

和周古天合影

《晚归图》 34cm×69cm 周古天作

十年了，2005年古天倾多年之作出版了他的首本山水画专集，我曾为画集作序。今天我又应邀为他这本十年新作专集写点什么，荣幸之中也不免有些犯难，从一个人物画家的角度来评述山水画家的艺术，怕的是隔靴搔痒，不着边际、不得要领。但古天却认同我了解他，执意而为，当然更重要的是我喜欢他的画。

和古天初识至今已有20多年了，初识是在1993年"朵云轩"他的个展上，一个勤奋的艺术青年给我留下颇深的印象。尽管我年长于他近20岁，说来也真有缘，我们的生日相同，甚至公历和阴历都是同一天，这种概率可谓少见。尽管我重人物画，他善山水画，但艺术上的交流始终坦诚相见。他也是我们水墨缘工作室中最早的成员之一，为他写点什么权作我们之间就艺术上的一次交流和寄言。

从中国绘画的精神理念说来，不在于表现内容和形式的外在层面，无论山水、人物、花鸟，在绘画艺术的品格、品质、气质、气息中所传递的精神内涵是一脉相承相通的，它是中国绘画的核心价值观。华夏大地之浑伟气势，壮阔河山滋养了中华民族的千秋万代，名士英雄辈出，人杰是因为地灵相辅相成。所以中国山水画所承载的不仅仅是一幅幅秀丽河山景色之作，更是日月星辰、民族人文精神魂魄的映照。我以为这应是每个有抱负的中国山水画心灵深层的艺术追求。古天应有这样的潜质。他对山水画的痴迷不言而喻。随着年岁的增长更愈演愈烈、愈加成熟。如果说十年前他在探索中追随时风，注重表现形式以及外在图式的变幻，那么今天的他更融入了传统山水精髓，特别是宋代山水的气概和豪迈，从中寻求清幽旷远的深沉意境。这种理性的回归出自他对绘画传统深层的认识和感悟，无疑是一种新的升华。

宋代是中国传统山水画的高峰时期，名家层出不穷，关全、李成、范宽、董源……。古天的作品传承了宋代山水画，重理法求质趣写实的格局程式，大气凝重，高古中透析清幽、雅致、雄浑、肃穆，皴擦点染。出自范宽的雨点皴、钉头皴常密布山峦石缝，笔墨精准到位，丝丝入扣，层层叠叠，浓浓淡淡，疏疏密密。虚虚实实，层次分明，而造型也颇具特色，峻峭中见方正，浑圆中见敦厚，自成体系。貌似李成的树法却一改扭曲多姿的造型，高耸挺直，拔地而起，简洁中更近似平行的排列组合充满现代意味的构成，也常和山谷坡地横纹皴笔交相错综，呈现一种视觉互补。更有各种形态各异的白云参插山林峰峦间，构成强烈的视觉冲击，平衡了画面的虚实和黑白对比。而这一切都源于精湛的笔意和墨趣，与宋代绢本山水画中的皴擦渲染对应不吝是一种与时俱进的探索。

一幅成熟的山水画作品，它寄托着画家内心对自然，对生活、生命的热爱和向往，把感受通过画面的意境营造引领人们的视觉审美，而意境的表达则是画家学养修养和笔墨技巧的综合体现。这种修炼非朝夕所能为。我所熟悉的古天在山水创作中的执着和敬业精神，数十年如一日的坚守，形成了强烈的个性，他并不像通常传统的创作模式，先有一个明确具体的主题图式在胸，初始时只是个朦胧的构想，在起步的描绘中随机顺着画面效果感觉进入状态，由此打开思绪意念之后，全凭着胸中累积的自然造化和笔墨驾驭能力经营位置，构筑画面，最终完成作品。这一切皆得益于他长期对生活，对自然名山、大川的观察体验和执着勤奋的写生积累。古天每年都要数次深入名山名川腹地写生体悟河山精神，日常的勤奋也是常人难以承受的，每天将近十小时的伏案作画、潜心研究，不是为了市场，只为心中虔诚的艺术心愿，更使人感动钦佩的是这十年正是 2005 年他身体动了大手术后的十个年头。他竟然不无幽默地对我笑言道："张老帅·今年我十岁了。"这份充满豪迈的调侃深深地打动着我，这就是周古天，一个把生命奉献给艺术的汉子。这也是为什么十年后的今天他再次出版个人专集的缘由。

十年了，这不仅仅是一本画册，更是一曲生命的赞歌。在此，我祝古天的艺术之树长青。

《霜雪牛归屋》 69cm×34cm 周古天作

《太行行旅图》 69cm×34cm （局部） 周古天作

《云山晚归》 69cm×34cm 周古天作

121

一个赤诚的艺术信徒

张培础

和赵爱华合影

"理想国",赵爱华个展海报

爱华是我们水墨缘工作室最早的成员,有点资历了,在沪上青年水墨画家中间,也是以她独特的艺术个性崭露头角,颇受圈内关注。今天她出版画册,让我这个写实派写点什么,观念不同真有点难度。好在我们相识有近20年了,很熟悉,我也欣赏她的人和画,就从爱华的人写起吧。

我年长于她,她尊我为师。尽管她的画中无须融入我的水墨理念和元素,但融恰地交流彼此对水墨的感悟,抛开主题创作旋律和诗人般的画家轻松叙艺,未尝不是一份自在和乐趣。爱华素衣素颜、短发飘逸、裙裾轻摆,自有一份脱俗的艺术范儿。来工作室看我或参加活动,伴随着鲜花和水果,对美的刻意索求,她会预先在藤器商店定制果篮装载而不屑街角满地金丝银丝缠身的果篮。在工作室迎春年会上她也会被簇拥上台来上一段昆曲、吟诵一首小诗,曾经在紧张中忘词羞涩地退下台来,引来一片掌声和善意的嘻笑。

爱华要不是画画,纯粹是个诗人,说不上哪个时刻触动心弦,就会引发诗兴。但不是诗兴大发,只是静静地、静静地,任诗性的句子如露珠般从笔端缓缓流淌。有时聊天谈笑风生,聊着笑着顷刻间渗出诗样的语句,一串串的,而此时这神情、这目光似乎早已游离了你我及她本身。随着诗句飘向远方,好生有趣。也许爱华就是一首诗,因为画画,她无须仅用文字作诗,画作就是诗篇,任思绪神马般地穿行在她的自由天地。画面中超凡的构想、奇特的形象、空灵的景色、隽永的意趣,朦胧之中人们被牵引出喧哗的都市,滤去生活中的烦恼,平复了心中的浮躁,遁入空灵的仙境。

爱华画中鸟人奇特有趣的造型,我想应是她潜在的自我缩影,本意就是引发人们跨越人和鸟之间鸿沟的一种超然的精神寄托,鸟人作为爱华作品中的艺术音符,也可以说已成为沁入人们心扉的祥物。剥离自然实景,褪隐炫丽的色彩,正是这虚幻的空间成全了人们从朦胧的意境中去构筑各自心中的美妙。艺术本身就是一个飘渺空间,寻觅一片净土,收获一份宁静,正是当代都市人心中的向往。当然,这也是爱华为自己编织回归自然和童真的一个梦境。她只是虔诚、平和、淡然、真诚、默默地耕耘在自己的净土,收获一份快乐。

爱华就是这么一个超脱世外、我行我素的奇女子,一个赤诚的艺术信徒,走出画面,却又实实在在的在我们的身旁,这时的她也是一位朋友、一位同学,当然也是个好妻子、一位好母亲。

2015年7月

为赵爱华画集撰文

都市的怀恋

张培础

在中国绘画中，山水画具有独特至尊的地位。古代文人心目中的山石、川流、大地都是宇宙天地、乾坤世界浓缩的精华，已成为一种人文精神的象征，寄托着中国古代文人的精神境界。山水画这种尊崇的地位已化作意念延续至今，统治了绘画的大部，凡是以景色描绘为主导的作品都统称为山水画。

今天单纯的山水画已不能包容瞬息万变的大千世界，更难以融入现代都市的时代韵律。当代人的生存环境、生活状态，艺术家的观察方式、表达理念和审美取向早已天差地别，更新已成必然。名称本无所谓，关键在于表现。表现内容、表现形式、表现理念，面对当今千人一面程式套路的山水风景，如何在传承中国画传统的基础上探索新的表现手法来表现都市风景，正成为当下都市艺术家的新课题。季平先生近年来以一个艺术家的角度对都市变迁的回望，对都市生态的关切，抱之以深情关注，并渴求以个性化的手法融入他的作品，确实是难能可贵。

这次季平的海上都市水墨展在海派美术馆举办，其实季平并非是一位山水画家或风景画家，他涉及的绘画领域很广。早年的连环画、插图创作就很有特色，画得一手好速写，又长期关注都市生活题材，创作过一批水墨人物作品和都市水墨风景。也许因为他美术记者的职业特点和责任，让他更善于体察社会和民众的现状，观察普通市民的生活状态，并以独特的视角去表现，如都市生活中民工阶层的生存状态，80后、90后青年对人生、事业、理想和追求等等。在人物生态、状态、心态、心情、心境的刻画和把握上，都给予深入的探究。在创作《咖啡馆》水墨系列作品中曾一次又一次地到咖啡馆边画速写边体察各种人的心境和状态，体味各阶层人士的情感和百态。他也曾在公园的晨练中观察和体悟都市退休老人多姿多彩的生活和各种各样的烦恼。即使乘坐地铁，也不等闲，而是观察各种人物即时的状态和身份的关联，发现富有情趣的各种插曲。这都体现了一个充满激情的美术记者、艺术家理性面对艺术和生活的积极态度。

20世纪70年代中期，我在市工人文化宫美术班当辅导老师，也是个工人业余画家，季平在班上还是个工厂的小学徒，才十七八岁的样子，但搞创作已是有模有样，画人物已略带变形，很有个性，给我留下了深刻的印象。将近40年过去，对艺术共同执着的追求维系着我们，是师生、朋友，也是同道，至今还一起在水墨缘工作室作画、活动。看来解读季平的作品，我算是合适的人选了。

人们常说"画如其人"，说的是在欣赏一幅美术作品时，可以从画的思想、内容、风格、意境、情趣，反映出画家的艺术思考和品位，甚至个性和经历。对于有共同情趣和经历的朋友，不妨走进他的画中，窥探作者心灵深处视觉表达的源头。

斜阳夕照，斑驳楼墙，洒落一抹昏黄；人约黄昏，街影朦胧，雨中情深意长；

季平在"都市的怀念"画展开幕式上致词

2015年，和季平在天津师生画展合影

石库门洞，过街小楼，宁晨清杳无影；红楼粉墙，绿荫廊下，倩女细步徘徊；

角楼阳台，淑女临窗，凭栏隐眺何望；庭园深深，楼群叠叠，稍然幽无声息。

作为在石库门老洋房、法国梧桐侧畔成长的人们，画面所传递给他们的情绪是不言而喻的。

画面中浓烈有序的色彩、沉稳凝重的色调、错落爽朗的笔触、松灵交叉的架构，不苛求惟妙惟肖，唯求意韵呈现。早年上海留法巴黎的艺术大师刘海粟、倪贻德、林风眠等是引领20世纪三四十年代沪上表现主义油画画风的代表人物。与老上海欧式结构建筑，正是能在时代节拍和形式表现上交相呼应的统一体。季平用中西彩墨画风融合之，从中还能窥见林风眠先生的表现理念。把人们带入老上海，回味这逝去的花样年华。

当年轻人在衡山路老洋房咖啡馆、茂名路小酒吧，以时尚的心态打开法国香槟红酒品尝这昔日的辉煌时，40后、50后的中老年人正沉缅于挥之不去的老上海情结中。触景生情，这是一代人的心灵体验，我想季平也是其中的一分子。作为艺术家，他用画笔重温并寄托旧时心中深情的怀恋。

为季平《海上都市水墨展览》撰文

季平在新昌写生

《都市水墨风景（一）》 季平作

《都市水墨风景（二）》 季平作

简约中的境界

张培础

丁荣魁是我50多年来上海美专的老同学。老同学间我们叫他"老魁""阿魁",马上亲热了许多。说是同学却不同专业,他主攻油画,我出自国画系,但不妨碍我们成为好朋友。十年前阿魁和一帮老同学、老朋友每个星期三来到水墨缘工作室,不知不觉中玩上了水墨,到如今已是难分难解、痴迷上瘾,玩出了"水墨星期三"沙龙,在沪上美术圈内竟已名声在外。

早在我们还是学生时,阿魁的素描在老美专就好生了得,颇有名气,油画功底自然扎实。既然玩上水墨,想必中西合璧、融会贯通便顺理顺章。殊不知偏偏出我意料,纯粹的水墨一同,简略明快、意蕴生动,墨的黑,空的白,黑分五色之各种纯度灰的交融组合。姿态各异的禽鸟小兽跃然纸上,看似小品却大气、灵动,意蕴隽永。而且一画便是十年,不改初衷,这样的坚守、执着,绝非是简单地重复,而是一种个性追求,不易也。

中国花鸟画中,鸟常和树枝、花卉相伴,互补相得益彰、相辅相成。若仅以一鸟一禽独立成作,要支撑一幅画面绝非易事。中国书画从来以简约为难,书法中笔画越简单之字最难写,画中更是亦然。八大山人的画中鱼、鸭、荷、石固然造型独特、个性强烈,而画面处理的简练、单纯和奇趣构成所透析出的高雅、孤寂的深邃意境正是为世人啧啧称道的重要因素,折射出画家的一种艺术素养。素养不仅仅是指笔墨功力,犹如人的气质,非涂脂抹粉、刻意装扮所能通达。一幅好的画,贵在传递出一种气息,它是画作的生命,是画家长期修炼的品质、学养、审美、意念的流淌和发散。阿魁的画中,我读到了。

中国画历来对水墨的推崇是至高无上的,水墨常被以上品供之。作为油画家,玩弄色彩本乃阿魁所长,之所以在进入水墨状态后却一头扎进纯粹、高雅的写意水墨领地,无疑是他内在的中国文人气质,或对中国文人画气息的感染和领悟。长于素描的他更把素描理念中的黑白灰关系融入中国水墨的无穷变幻之中,这才是真正内在的中西艺术交融。

我不由想起油画前辈吴作人先生也擅长的中国水墨画中的熊猫、牦牛、骆驼,与阿魁的禽鸟、小兽可谓异曲同工之妙。也许作为互补,油画家更渴求水墨的单纯和宁静,来呼应心灵深处的独白。

本文原载《水墨缘》画刊,2016年。

"墨缘七老"之丁荣魁

第五章　艺术年表

1944年	1月7日（农历十二月十二日）出生于上海。祖籍江苏太仓浏河镇。父亲张隽人，母亲陈鼎芳。寓居上海西藏南路195弄4号留贤邨。
1948年	进入上海万竹小学（现上海实验小学）上幼稚园在该校求学至小学毕业。
1955年	进入大同中学（初中二年、高中二年）求学。在校期间喜爱美术，高中一年级加入中学美工组。受张文祺老师指导和影响，学习素描、速写等，收获感悟颇丰。
1960年	念至高中二年级后免试破格保送上海美术专科学校，在该校本科国画系学习。二年级起分入人物科，注重人物画学习。主要教师为郑慕康、江寒汀、应野平、俞子才、胡问遂。其间方增先老师曾作写意水墨人物写生讲座，从此喜爱并专攻写意水墨人物绘画。
1962年	应征入伍。服役于海军旅顺基地海岸炮兵团。先后在炮兵连任炮手、团部政治处任电影放映员。
1963年	借调基地俱乐部担任展览设计制作及美工。参加北京海军美术创作草图会议，创作草图审核通过。
1964年	中国画作品《毛著随身带，有空学起来》入选解放军第三届美展。获优秀奖，被中国美术馆收藏并刊入画集。同时入选的作品，还有《瞄得准，打得狠》。作品《钢人铁马》入选北海舰队美术作品展。
1965年	制作幻灯片获全军幻灯片比赛三等奖。
1967年	借调沈阳军区政治部，参加毛主席肖像系列幻灯制作。

《毛著随身带》150cm×120cm
1964年入选解放军三届美展

1960年，上海美术专科学校国画系学生

1962年，海军战士

1974年，三口之家，儿子一周岁留影

在航道局工人美术组在创作刻木板画

1968 年	3月，从部队复员回上海，分配至上海航道局工程船舶任水手。
1970 年	借调上海博物馆，参与泥塑"收租院"复制任务。"收租院"陈列于上海中山公园。
1971 年	参与《解放日报》《工人造反报》组织的样板戏，京剧《沙家浜》连环画制作。 赴山西大寨三个月完成《大寨战歌》连环画创作。
1972 年	与上海大隆机器厂工人姜荷燕结婚。 组建成立上海航道局船队工人美术组并任组长，集体创作连环画《鸭绿江畔》、创作中国画《接班》。
1973 年	中国画作品《闪光》入选全国中国画、连环画作品展。刊登于《人民日报画刊》。现由上海中华艺术宫收藏。
1974 年	与沈柔坚等代表上海参加全国年画作品展评选工作，并有作品参展。
1975 年	创作中国画《我爱大海的波涛》《光源来自红太阳》，小说插图《航门激浪》，连环画《江水滔滔》。
1976 年	创作《周恩来总理在病房》《毛主席在中共七大》。
1977 年	与林风眠、关良、唐云、沈柔坚等接受英国华裔女作家韩素英女士采访。采访刊登于香港《七十年代》杂志。 创作中国画作品《势不可当》参加庆祝解放军建军50周年全军美展。现由上海中华艺术宫收藏。
1978 年	5月，调入上海戏剧学院美术系任教。
1979 年	"文革"后首批加入中国美术家协会上海分会的画家之一。

	与张培成一起合作中国画《人间知己》《于无声处》。
1980 年	在上海戏剧学院参展当年上海美展。 美术系撤销，转入舞台美术系绘画教研室任教。
1981 年	赴河北平山县当年抗日根据地采风，收集素材。 创作中国画作品《遗志》参加上海纪念建党 60 周年美术作品展。
1982 年	加入中国美术家协会。
1983 年	应邀赴新疆阿克苏地区文化馆办班辅导基层业余学者。 后赴南疆喀什、塔什库尔干等地写生，绘制大量速写。 同行的有俞晓夫、戴恒扬、吴烈勇等画家，历时三个月。
1984 年	创作中国画作品《摇篮》参加当年上海美术作品展。 借调上海大学美术学院中国画系任教一年。
1985 年	回上海戏剧学院舞美系，任舞美系绘画教研室主任。
1988 年	应邀出访日本山形县新庄市举办画展，同行的有张培成、陈身道等。
1990 年	在上海戏剧学院晋升为中国画专业副教授。
1991 年	教学成果优良，获上海戏剧学院记大功奖励。
1994 年	应邀赴德国萨尔州新闻中心参与中国周活动，举办张培础、张培成兄弟画展。12 月，调入上海大学美术学院任中国画系主任。
1995 年	策划上海大学美术学院国画系师生展，展出于上海美术

河北太行山区写生，左为陈心

新疆塔什库尔干人物写生即景

张氏兄弟展览开幕式。
中国驻德大使和的萨尔州长出席开幕仪式

率团出访澳大利亚珀斯高等艺术院校

出访芬兰

三口之家在复兴公园

馆并举行大型创作研讨会。中国画作品《老墙》《小草》参展。

1996年　随美术学院代表团出访日本大阪艺术大学，参加中日韩三国高校展览开幕。

1997年　任上海大学美术学院副院长，主管教学，兼中国画系主任。天津人民美术出版社出版《张培础画集》。《新民晚报》两个月长篇连载自编自绘自传体连环画《画缘》（共120幅）。

1998年　当选上海市长宁区第十二届人大代表。
带领上海大学美术学院教师出访澳大利亚珀斯高等艺术院校并考察交流。

1999年　中国画作品《秋韵》入选第九届全国美展。
随上海美协领导徐昌酩、朱国荣赴日本京都出席日本昭和画会有关庆典活动和展览开幕。
推选上海美协理事。
编著并主持拍摄音像教材《中国人物画》（由上海大学美术学院、少年儿童出版社联合摄制），方增先、仇绍勇，参与录制。
《张培础画人物》一书由上海画报出版社出版。

2000年　随上海大学美术学院组团出访芬兰，考察相关艺术机构和艺术院校并举办画展。
作品《黑马》入选《中国当代美术画集》（浙江人民美术出版社出版）。

2001年　任黄宾虹奖"全国高等美术院校中国画新秀作品展"评委。

2002年　在上海大学美术学院晋升为中国画教授。

	编著《现代水墨人物表现技法》，由上海书店出版社出版。
2003 年	上海大学美术学院，刘海粟美术馆主办水墨缘——张培础师生展。22 位上大美院国画系本科生、硕士研究生、研究生课程班学生参展。
2004 年	创建水墨缘国画工作室，成员为张培础师生展参展学生。 创作作品《画室》参加第十届全国美展上海展，获艺术奖。 被推选为上海美协常务理事。 任上海美协中国画艺术委员会副主任。
2005 年	水墨缘工作室"水墨星期三"艺术沙龙成立，成员为美院退休老教授王劼音、凌启宁等画家，共七名成员。 随上海大学美术学院组团出访俄罗斯彼得堡列宾美术学院。 应台湾创价学会之邀赴台北举办"同窗墨缘"——张培础、陈谷长画展。 创办水墨缘工作室画刊《水墨缘》，9 月创刊。 北京中国书道刊登张培础水墨人物画《笔性的张力》（尚辉撰文）。
2006 年	参加中国美协组团出访印度新德里等地采风写生。 从上海大学美术学院正式退休。
2007 年	创作中国画作品《海之恋》（所罗门群岛）参加中国画家彩绘联合国大家庭展览，国外巡展，并刊入画册。 《上海画报》刊载专页《张培础和他的水墨缘》（王小鹰撰文）。 上海人民美术出版社出版《张培础速写》一书。
2008 年	应上海中国画院邀请开设上海中国画院高研班张培础人物工作室。

"水墨缘"张培础师生展开幕式上

"墨缘七老"金山区采风

中国画院，张培础国画工作室师生合影

"水墨缘"十周年画展开幕

中国画院，张培础作品展海报前

上海美术馆收藏的《闪光》作品重新展出

2009年	创作中国画作品《勇士》并入选第十一届全国美展，被评为获奖提名作品。 被上海市人民政府聘请为上海文史研究馆馆员。 受聘担任华东政法大学兼职教授。 应上海戏剧学院博物馆开馆之邀约，策划并举办京剧水墨人物画展。 举办水墨缘年展"水墨边缘"画展，参加上海市委宣传部主办"咱们工人有力量"美展，在上海美术馆展出。 参加中国美协主办、刘海粟美术馆展出的"红色记忆"——军旅画家艺术邀请展。
2010年	举办"对画"——中国美院国画系与上大美院水墨缘工作室联展，在上海、杭州两地巡展。 举办"窗里窗外"水墨缘年展。
2012年	受聘担任同济大学顾问教授，于建筑城市规划学院开设张培础国画工作室。 参加中国国家画院主办的"南北对话"——中国当代画家创作成就展。
2013年	上海美协、上大美院主办的水墨缘工作室成立十周年"水墨缘十年"艺术邀请展，在上海油雕院美术馆展出。同时，江西美术出版社出版"水墨缘十年"大型画册。创作中国画作品《水墨星期三墨缘七友图》参展并由上海美术家协会收藏。 作品《舞蛇者》由上海大学博物馆收藏。 作品《勇士》参加上海美术作品进京展，展出于北京中国美术馆。
2014年	随上海美术家协会代表团携上海美术家作品展作品出访希腊雅典美术学院交流、考察。

| 2015年 | 上海中国画院主办"水痕·墨迹·画缘"——张培础作品展。参展作品86件，乃从艺50余年首次作品回顾展。创作作品海派画家系列《张桂铭》《张培成》《萧海春》及《哈雷王子》《哈雷公主》等同时展出。
作品《勇士》参加上海美术作品展赴香港展览。
海派画家系列之《张桂铭》肖像画作品捐赠绍兴市张桂铭艺术馆收藏。
被上海市文联评为第五届上海市德艺双馨文艺工作者。
上海文史研究馆、太仓市宋文治艺术馆主办"墨缘乡情"——张培础画展。
杭州恒庐美术馆、上海美协主办"墨缘都市"——张培础画展。
天津人民美术出版社美术馆、上海美协主办"水墨缘"——张培础、季平师生展
策划并参加上大美院主办的"水墨星期三十年展"，于上海大学美术馆展出。
参加中国文史研究院、国务院参事室主办的文史翰墨诗书画展，于北京中国美术馆展出。
作品《黑珍珠》《留学生》参加首届上海中国画展，于上海中华艺术宫展出。
参加广西南宁广西艺术学院邀请之新娄东画派画展。山水作品16幅刊入《新娄东画派作品集》（江苏凤凰美术出版社出版，宋文治艺术馆编）。|

荣获上海"德艺双馨文艺工作者"称号

代表全国文史馆画家在北京"中华诗书画展"上致词

| 2016年 | 山水作品四幅参加太仓市赴西安之新娄东画派画展。
参加上海美术学院挂牌仪式之春华秋实画展。
作品《燎原》参加上海文史馆主办之纪念红军长征80周年画展。
受聘担任民盟中央美术学院上海分院名誉院长。|

欢乐的一家祖孙三代，在新西兰奥克兰出游

作品图版

素描速写

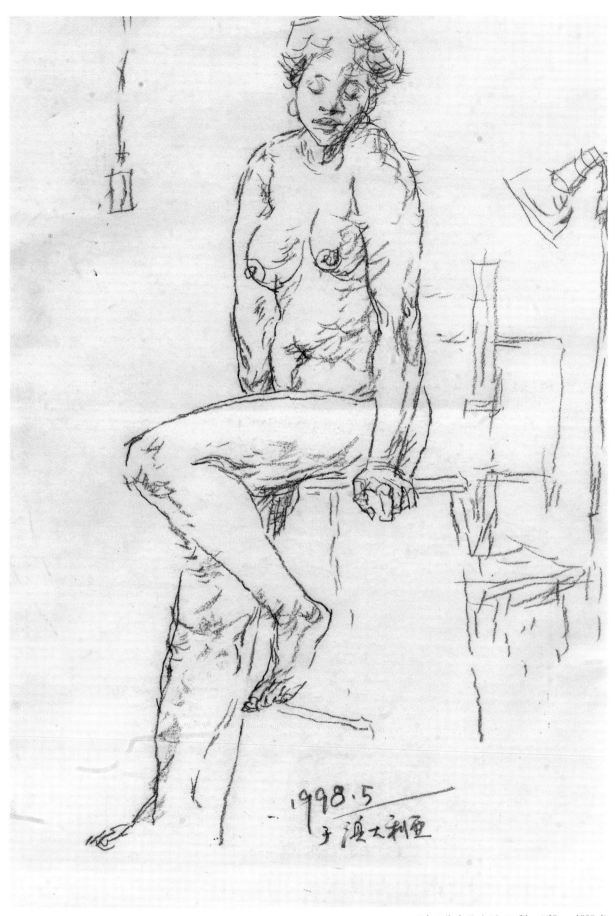

《女人体速写（二）》 54cm×39cm 1998年

《女人体素描（六）》 110cm×68cm 2001年

《女人体素描（三）》 110cm×68cm 2001年

《女人体素描（二）》 110cm×68cm 2001年

《女人体素描（一）》 110cm×68cm 2001 年

《女人体素描（五）》 100cm×68cm 2003 年

《女人体素描（四）》 100cm×68cm 2003 年

《女人体素描(局部)》 110cm×68cm 2001年

《女人体速写（一）》 70cm×50cm 2000年

《女人体速写（三）》 27cm×39cm 1998年

《傣家女孩》 28cm×21cm 1986年　　　　　《云南傣家织女》 28cm×21cm 1986年

《绍兴船民》 28cm×21cm 1984年

《喀什铜壶铺》 28cm×21cm 1983年

《掌马匠》 20cm×38cm 1983年

《牧民的早餐》 21cm×28cm 1982年

152

《喀什孩子》 28cm×21cm 1983年

《理线的塔吉克老妇人》 28cm×21cm 1983年

《塔吉克老人》 28cm×21cm 1983年

《阿克苏文工团圆号手》 33cm×30cm 1983年

《塔吉克牧民》 28cm×21cm 1983年

《维族汉子的早餐》21cm×28cm 1983 年

《塔吉克女孩》 28cm×21cm 1983年

《塔吉克老汉》 28cm×21cm 1983年

《塔吉克老人》 28cm×21cm 1983年

《塔吉克少年》 21cm×28cm 1983年

《塔吉克牧民》 21cm×28cm 1983年

《阿克苏巴扎》 20cm×19cm 1983年

《乐器修理师》 20cm×19cm 1983年

《太行山速写（四）》 20cm×19cm 1981年

《河北老农》 20cm×19cm 1981年

《河北老汉》 20cm×19cm 1981年

《河北老奶奶》 20cm×19cm 1981年

《塔吉克姑娘》 33cm×34cm 1983年

《塔吉克老大爷》 33cm×34cm 1983年

《印度街头》 35cm×34cm 2005 年

《印度速写（三）》 35cm×34cm 2005年

《印度速写（一）》 35cm×34cm 2005年

《印度速写（二）》35cm×34cm 2005 年

《草原藏民》 45cm×35cm 1999 年

《草原藏民》 45cm×35cm 1999年

《云南西双版纳风景1》 54cm×37cm 1986年

《云南西双版纳风景3》 37cm×54cm 1986年

《云南西双版纳风景4》 37cm×54cm 1986年

《喀什小景9》 28cm×21cm 1983年

《喀什小景8》 28cm×21cm 1983 年

《喀什小景11》 20cm×38cm 1983年

《喀什小景5》 21cm×28cm 1983年

《喀什小景2》 21cm×28cm 1983年

《喀什小景6》 21cm×28cm 1983年

《喀什小景7》 21cm×28cm 1983年

《云南西双版纳风景2》 21cm×28cm 1968年

《黄山速写》 33cm×34cm 1976年

水墨人体写生

《逆光》 120cm×68cm 2010年

《清气》 126cm×63cm 2015年

《蓝莓》 136cm×68cm 2015年

《清流》 110cm×68cm 2005 年

《雅室》 126cm×68cm 2005年

《金黄》 110cm×68cm 2001 年

《青涩》 115cm×68cm 2006 年

《蓝围巾》 125cm×68cm 2008年

《清韵》 120cm×68cm 2008 年

《宁静》 115cm×68cm 2001年

《野趣》 136cm×68cm 2001年

《绿茶》 136cm×68cm 2000年

《清纯》 126cm×68cm 2000 年

《回眸》 110cm×68cm 2000 年

《净然》 136cm×55cm 2007 年

《舒缓》 136cm×68cm 2005 年

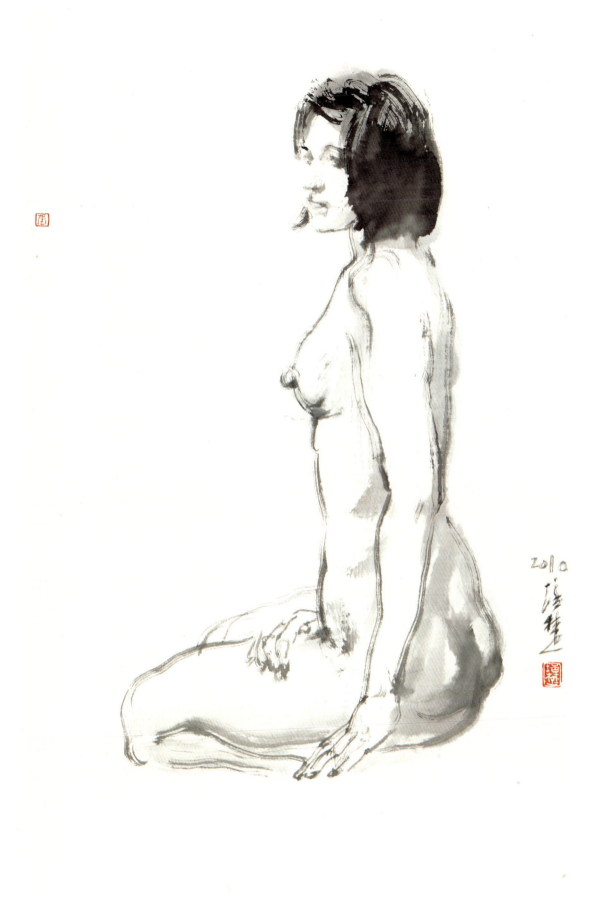

《宁静》 110cm×68cm 2010年

《朦胧》 126cm×68cm 2007 年

《卧女》 68cm×68cm 2006年

水墨人物写生

《小芳》 136cm×68cm 2008年

《黑珍珠》 136cm×68cm 2015年

《肯尼亚留学生》 136cm×68cm 2015 年

《秋景》 126cm×68cm 2007年

《黑裙》 136cm×68cm 2014年

《黄花》 136cm×68cm 2007年

《眼镜女孩》 136cm×68cm 2007年

《读》 136cm×68cm 2010年

《轻盈》 136cm×68cm 2006 年

《林姐》 136cm×68cm 2001年

《淡然》 136cm×68cm 2008 年

《青春》（草图原稿） 180cm×97cm 2009 年

《短信》 120cm×68cm 2009 年

《细雨》 136cm×68cm 2007年

《邻家女孩》 136cm×68cm 2003年

《书香》 136cm×68cm 2017年

《模特》 136cm×68cm 2008 年

《水手帽》 136cm×68cm 2008 年

《素素》 136cm×68cm 2014年

《小花》 136cm×68cm 2007年

《牛仔女》 136cm×68cm 2008年

《碧玉》 110cm×68cm 2005 年

《艺校生》 100cm×68cm 2002年

《奈何》 136cm×68cm 2005年

《茫然》 125cm×68cm 2002 年

《骑车的女子》 136cm×68cm 2014 年

《起立的男子》 136cm×68cm 2000 年

《汲水》 136cm×68cm 2010年

《渔家女》 136cm×68cm 2001年

《星星》 136cm×68cm 2017 年

《姐妹》 125cm×68cm 2009 年

《青花瓷》 136cm×68cm 2001年

《娜娜》 180cm×97cm 2009 年

《清凉》 136cm×68cm 2006 年

《思》　100cm×68cm 2008 年

《黄丝带》 136cm×68cm 1987年

《灯光师》 136cm×68cm 1987年

《晨曲》 136cm×68cm 2000 年

《沧桑老农》 136cm×68cm 2006年

《待命》 110cm×68cm 2010年

《战地黄花》 136cm×68cm 2009年

水墨创作

《毛著随身带》 120cm×150cm 1964年

《闪光（二）》　180cm×115cm　1973年

《接班》 130cm×97cm 1973年

《海之恋》 200cm×130cm 1979年

《光源来自红太阳》 200cm×118cm 1977年

《摇篮》 144cm×176cm 1984 年

《秋韵》 200cm×180cm 1995年

《童心》 97cm×90cm 1990年

《牧马》 97cm×90cm 1998年

《喀什夜市》 68cm×68cm 1991年

《小草》 100cm×150cm 1995年

《遗志》 154cm×204cm 1981年

《雨中情》 136cm×68cm 2003 年

《老墙》(局部一) 150cm×100cm 1995年

《老墙》（局部二） 150cm×100cm 1995年

《吉祥印度》 68cm×68cm 2005 年

《印度象》 180cm×97cm 2012年

《风景线》 120cm×240cm 2001 年

《画室》 120cm×240cm 2003年

《快乐足球》 120cm×240cm 2002年

《窗里窗外一、二》 96cm×89cm×2 2010 年

《勇士》 180cm×97cm 2009 年

《勇士》（二） 180cm×97cm 2009年

《扬州八怪之郑板桥》 180cm×50cm 2012年　　《扬州八怪之李方膺》 180cm×50cm 2012年　　《扬州八怪之金农》 180cm×50cm 2012年

《扬州八怪之罗聘》 180cm×50cm 2012年　　《扬州八怪之黄慎》 180cm×50cm 2012年　　《扬州八怪之高翔》 180cm×50cm 2012年

《水墨缘七友图》 240cm×420cm 2013年

《海上画家张桂铭》 180cm×97cm 2014 年

《张培成——海上画家系列》 146cm×146cm 2014年

《哈雷王子》 180cm×97cm 2014年

《哈雷公主》 120cm×240cm 2014年

水墨小品

《清咖》 68cm×68cm 2000年

《窗台》 33cm×33cm 2008 年

《黑马》 68cm×68cm 2002 年

《丽人》　48cm×52 cm　2008 年

《T台》 68cm×68cm 2005年

《塔吉克风情》 68cm×68cm 2006年

《兄妹》 68cm×68cm 2011年

《秋行》 48cm×52cm 2008年

《淑女》 48cm×52cm 2008年

《穆桂英》 68cm×68cm 2014年

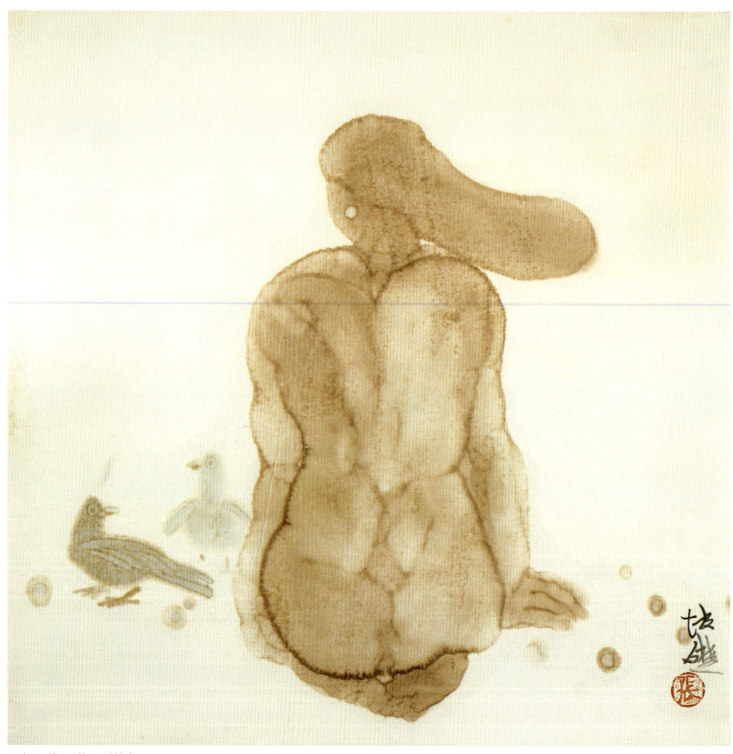

《眺》 60cm×60cm 1990年

《秋风》 45cm×58cm 2008 年

连环画　插画

《夏玛3》 连环画 25cm×31cm 1984年

《夏玛1》连环画 25cm×31cm 1984年

《夏玛2》连环画 25cm×31cm 1984年

《萌芽》杂志插图　25cm×12cm　1982年

老舍《四世同堂》插图　51cm×18cm　2017年

《续范亭中山陵剖腹明志1》 连环画　15cm×22cm　1984年

《续范亭中山陵剖腹明志2》 连环画　15cm×22cm　1984年

《续范亭中山陵剖腹明志3》 连环画　15cm×22cm　1984年

《墨西哥人》原稿1　连环画　15cm×22cm　1982年

《墨西哥人》原稿2　连环画　15cm×22cm　1982年

《墨西哥人》原稿3　连环画　15cm×22cm　1982年

295

张贤亮《肖尔布拉克》连环画,刊载于1985年《连环画报》

《势不可挡》（草图原稿）160cm×320cm 1977年

《海之恋》（草图原稿） 42cm×28cm 1979年

《青春》（草图原稿） 28cm×42cm 1976年

后记

"上美·足迹"系列丛书采用个案研究的方式,通过对代表性美术教育家的访谈采写,记载留存上海美术教育的鲜活的一手史料,同时搜集整理教育家的作品图像与文字资料,总结美术教育家们的艺术教育经历。2014年,这套丛书经上海大学美术学院学术委员会以及学院领导班子的集体讨论,予以项目立项的决定,并获得了上海大学"美术学"高峰建设项目的经费资助。美院史论系、设计系的师生们予以本项目大力支持。史论系李超教授、设计系董卫星教授、杜士英教授都亲力亲为地给予了各种指导与帮助。

该系列丛书通过回顾20世纪下半叶美术教育的历史,展望上海美术教育前景,为上海老一辈美术教育者著书立传,梳理前辈教育理念,以继承传统、前瞻未来。该丛书的意义,在于光大海派美术教育理念,服务上海美术教育的学科建设,为后来者建立可资借鉴的精神风范,树立从艺与治学的典范楷模。

《上美·足迹 张培础》这本分册得以出版,得到了各方的通力合作。张培础老师作为上海大学美术学院中国画系主任、主管教学副院长,以及现上海大学上海美术学院水墨缘工作室主任,在上海中国画艺术与艺术教育事业两个方面均做出了极大的贡献。张培础老师除创作了许多脍炙人口的画作外,也发表了不少发人深省的艺术见解,硕果累累。尽管作品数量颇巨,为搜集资料带来了一定的难度,但在张培础老师的倾力配合以及家属的支持下,资料搜集工作进展得十分顺利。此外,更是得到了来自张培础老师同事、朋友、学生等各方的帮助与支持。

胡建君老师是本书的主编,从项目立项,访问家属,文字搜集,图片整理,到最后排版,都事无巨细地指导、关心项目进展的每一步,认真纠正编辑过程中出现的每个不足的地方。胡老师总是说,老先生是个宽厚仁和的长者,为美院、为学生付出了不少心血,也见证了上大美院一步步走到今日的艰辛历程,我们既然接手这个项目,就要做好,尽己所能地将老先生的生平和作品完美呈现出来,也能让后人看到老先生从学习绘画到开始艺术教育,同学生与友人共同创立水墨缘工作室的艺术历程。

张培成,是张培础老师的弟弟,对于学院要为其兄长出书表示大力支持和衷心感谢。此次搜集的资料中,张培成老师提供了很多有价值的资料以及颇有代表性的生活细节。对于团队采访也热情接待,全程配合,始终热心协助我们的书籍编排工作。

季平是张培础老师的学生,与张培础老师有着深厚的感情。此次出书,季老师配合团队做了数个小时的回忆访谈,此外更提供了不少张培础老师的授课记录以及珍贵的照片。另外,张培础老师当年的门生——薛俊华老师等人也积极配合并提供了许多张老师近期的作品与文章。

编辑团队成员中，宋嘉春、范钰林作为学生组长统筹，在编撰过程中数次上门访谈、扫描图片、整理资料，并进行初步排版、校对，为书籍出版付出了大量心血，功莫大焉。袁娜、朱怡雯等同学作为编辑团队成员，也采访、整理了大量材料。赵川同学是排版团队成员，负责书籍的整体装帧设计。他们不厌其烦地多次修改，尽心尽力，力求完美。感谢她们为本书所付出的努力。

每一位团队成员都孜孜矻矻、勤勤恳恳地对待此书编排中的每一个细节，使得本书能顺利付梓。这套书籍对于保存 20 世纪以来上海美术教育的历史，传承与发扬上海美术教育的成果，具有非常重要的意义。

李薇
2018 年 5 月

图书在版编目(CIP)数据

上美·足迹 张培础 / 胡建君主编. —上海：上海大学出版社，2017.12
ISBN 978-7-5671-2829-3

Ⅰ.①上… Ⅱ.①胡… Ⅲ.①张培础—人物研究 Ⅳ.①K825.72

中国版本图书馆CIP数据核字（2017）第330701号

总 策 划	汪大伟
图版作者	张培础
主　　编	胡建君
编辑团队	范钰林　宋嘉春　袁　娜　朱怡雯
装帧设计	杜士英　张　纪　陆晓雯　郭二伟　狄星皓　赵　川
版面编排	赵　川
项目统筹	李　薇
责任编辑	柯国富
技术编辑	金　鑫　章　斐

书　　名	上美·足迹 张培础
主　　编	胡建君
出版发行	上海大学出版社
社　　址	上海市上大路99号
邮政编码	200444
网　　址	www.press.shu.edu.cn
发行热线	021-66135112
出 版 人	戴骏豪
印　　刷	上海新艺印刷有限公司
经　　销	各地新华书店
开　　本	635mm×965mm　1/8
印　　张	40
字　　数	800千
版　　次	2018年4月第1版
印　　次	2018年4月第1次
书　　号	ISBN 978-7-5671-2829-3/K·174
定　　价	220.00元